이 책은 .... 의 책입니다.

글 마이클 홀랜드

작가이자 전문 생태학자이며 교육자로서 식물이 우리 생활에서 필수적이고 수없이 많은 역할을 담당한다는 사실을 각계각층의 사람들이 깨닫고 느끼도록 교육하는 것을 사명으로 삼고 있어요. 첫 책 『우리는 아침으로 햇빛을 먹어요!』는 식물 세계가 얼마나 경이로우며 우리 삶과 어떻게 연결되어 있는지 알려 주는 안내서로 쉬우면서도 새로운 영감을 불러일으켜요.

그림 필립 조르다노

지칠 줄 모르고 세계를 누비는 여행가로 지금은 도쿄에서 살며 일하고 있어요. 브레라 아카데미와 유럽 디자인 연구소에서 미술을 공부하고, 토리노에서 애니메이션으로 석사 학위를 받았어요. 전 세계 여러 잡지와 출판사와 함께 작업했으며, 책 표지 그림, 장난감 디자인, 어린이책과 애니메이션 작품 활동을 하고 있어요.

옮김 신동경

서울대학교 독어교육과를 졸업하고 한신대학교 신학대학원에서 공부했어요. 지금은 과학책을 읽으며 느낀 즐거움과 감동을 어린이들에게 전하는 글을 쓰며 지내지요. 쓴 책으로는 『물은 어디서 왔을까?』, 『단위가 사라졌다』, 『공정 무역, 카카오 농장 이야기』 등이 있으며, 옮긴 책으로는 『얼음이 바사삭 그림 사전』, 『알이 데굴데굴 그림 사전』, 『나는 오늘도 파리를 관찰합니다』, 『끝없는 우주 이야기』 등이 있어요.

가장 아름다운 반려 식물 안내서

우리 집을 정글로

2024년 2월 15일 초판 1쇄 인쇄
2024년 3월 10일 초판 1쇄 발행

글쓴이	마이클 홀랜드
그린이	필립 조르다노
옮긴이	신동경
펴낸이	김상미, 이재민
편집	송미영
디자인	나비
펴낸곳	㈜너머_너머학교
주소	서울시 서대문구 증가로20길 3-12 1층
전화	02)336-5131, 335-3366, 팩스 02)335-5848
등록번호	제313-2009-234호
ISBN	979-11-92894-48-5 74400
	978-89-94407-83-8 74400(세트)

A JUNGLE IN YOUR LIVING ROOM

Text ⓒ Michael Holland 2023
Illustrations ⓒ Philip Giordano 2023
Originally published in the English Language as
『A JUNGLE IN YOUR LIVING ROOM 』ⓒ Flying Eye Books 2023
Korean translation copyright ⓒ Nermerbooks 2024
This Korean edition published by arrangement with Flying Eye Books through JMCA

너머북스와 너머학교는 좋은 서가와 학교를 꿈꾸는 출판사입니다.

자연은
우리의
집 4

가장 아름다운 반려 식물 안내서
우리 집을 정글로

마이클 홀랜드 글 | **필립 조르다노** 그림 | **신동경** 옮김

너머학교

차례

1부 식물을 기르기 전에 알아 둘 것

식물과 실내용 식물 10
우리는 한 가족 12
집에서 식물을 길러야 하는 까닭은? 14
명절을 함께하는 식물 16
식물의 생존 전략 18
어디에서 기르는 게 좋을까? 20
고대 역사에 등장하는 실내 식물 22
열대 식물 수송 작전 24
식물 사냥꾼의 활약 26
기묘하고 경이로운 실내 식물 28

2부 집에서 기를 수 있는 식물의 세계

잎이 통통한 다육 식물 32
식물 키움터 아기자기, 찻잔 다육 식물 34
가시가 가득한 선인장 36
식물 키움터 뾰족뾰족, 사막 정원 38
모양새가 특이한 돌나무과 식물 40
닮지 않은 가족, 비짜루과 식물 42
잎끝이 뾰족한 용설란속 식물 44
용의 피를 닮은 용혈수속 식물 45
선인장을 닮은 대극속 식물 46
식물 키움터 내 맘대로 찰흙 화분 48
잎 모양이 화려한 천남성과 식물 50
줄기가 쑥쑥, 필로덴드론속 식물 52
식물 키움터 흔들흔들, 걸이 화분 54
구멍이 숭숭, 몬스테라속 식물 56
식물 키움터 동글동글, 이끼 공 58
신성한 무화과나무속 식물 60
식물 키움터 도전! 작아도 완벽한 분재 62
칼라테아속 식물과 마란타속 식물 64
기르기 쉬운 필레아속 식물 66
종류가 다양한 페페로미아속 식물 67
붙어서 사는 착생 식물 68

우아한 난초과 식물 70
대롱대롱, 공중 식물 72
잎이 질긴 파인애플과 식물 73
식물 키움터 주렁주렁, 착생 식물 나무 74
빛을 따라 자라는 베고니아속 식물 76
번식이 쉬운 자주달개비속 식물 77
온갖 곳에 사는 양치식물 78
식물 키움터 상상 가득! 병 속 원시 정원 80
천천히 자라는 야자과 식물 82
향이 강한 귤속 식물 84
식물 키움터 씨앗으로 기르는 귤속 식물 86
곤충을 잡아먹는 식충 식물 88
주머니 달린 벌레잡이통풀과 식물 90
물방울로 덮인 끈끈이귀개속 식물 91
식물 키움터 식충 식물이 사는 늪 92
물에서 사는 수생 식물 94
식물 키움터 둥실둥실, 수중 정원 96

3부 식물 돌보기

환영해, 우리 집이야 100
너의 식물을 행복하게 해 주려면 102
성가신 해충들 104
도대체 뭐가 문제야? 106
식물에 새집을 선물하는 분갈이 108
번식 방법을 소개합니다 110
식물 키움터 물꽂이로 새끼 식물을 112
자르고 묻고 114
식물 키움터 잎을 잘라 새끼 식물을 116
초보자용 식물과 전문가용 식물 118

| 용어 풀이 120 |

1부
식물을 기르기 전에 알아 둘 것

집에서 식물을 기르면 무엇이 좋을까? 꽤 보람 있는 취미인 데다가 울창한 숲의 아름다움을 가까이에서 느낄 수 있지. 건강에도 이롭고, 맛있는 먹을거리도 생겨. 이 책을 읽으면 실내용 식물 전문가가 되는 데 필요한 지식과 비밀을 알게 될 거야. 또 식물을 돌보는 요령과 번식 방법도 익힐 수 있지. 그러면 머지않아 네 방이 정글로 바뀔지도 몰라.

식물과 실내용 식물

식물은 보통 한 장소에서 평생을 살아. 지구에 사는 식물이 거의 40만 **종**이나 돼. 크기도 다양해. 달랑 세포 하나로 이루어진 식물이 있는가 하면, 거대한 나무도 있지. 이끼, 물속에 사는 조류, 고사리 같은 양치식물, 풀, 꽃이 피는 나무까지 종류도 다양하지.

이렇게 식물이 가지각색인 걸 가리키는 말이 생물 다양성이야. 식물의 **생물 다양성**이 높은 건 식물이 오랜 세월에 걸쳐서 **진화**했기 때문이지. 첫 식물들은 약 10억 년 전에 따뜻하고 얕은 바다에서 자라기 시작했어. 그 식물들이 천천히 진화해서 지금 지구에 사는 모든 다양한 식물이 생겨났지.

실내용 식물이란?

'실내용 식물'이란 말 그대로 실내에서 키우는 식물이야. 물론, 실내에서 키우기에 더 적합한 식물들이 있기는 하지. 꽃 가게에 가면, 모양, 질감, 색깔이 화려한 갖가지 식물들을 살 수 있어. 그런 식물들 가운데 많은 종류는 추운 날씨를 견디지 못해. 그래서 겨울이 추운 나라에서는 실내에서 길러야 해. 몇몇 허브와 채소, 과일나무처럼 추위를 잘 견디는 식물들은 실내든 바깥이든 어디에서 길러도 괜찮아. 건강하게 자라는 데 필요한 것을 제공해 주기만 하면, 어떤 식물이든 실내에서 기를 수 있어!

> ### 주의! 독성을 지닌 식물
> 전체 식물 종의 약 90%는 독성이 있어. 이 책에 나오는 식물들 가운데도 그런 종류가 있어. 이런 식물들은 사람뿐만 아니라 반려동물한테도 위험할 수 있어.

우리는 한 가족

식물들을 여러 과로 무리 지을 수 있어. 그런 걸 분류라고 하지. 몇백 년 전에는 꽃 모양이 비슷한 식물들을 같은 과로 분류했지만, 지금은 식물들이 **유전적**으로 얼마나 비슷한지를 분류 기준으로 삼고 있지.

선인장과

야자나무과

파인애플과

운향과

어려운 이름을 쓰는 이유

같은 식물이 여러 가지 다른 이름으로 불리기도 해. 그럼 엄청나게 헷갈리겠지? 그래서 이 책에서는 가끔 학명을 쓸 거야. 학명은 라틴어나 그리스어를 사용하는데, 식물의 속과 종으로 이루어져 있어. **속**(가족들이 함께 쓰는 '성'이라고 생각하면 돼.) 이름이 먼저 나오고 종(이건 각자 쓰는 이름이지.) 이름이 나중에 나와. 먼저 식물의 과를 몇 개 소개할게. '과'는 서로 유전적으로 관련된 여러 종들의 집합이야.

집에서 식물을 길러야 하는 까닭은?

네가 어디에서 어떤 집에서 살든지 식물로 공간을 변신시킬 수 있어. 식물을 돌보며 하루하루 변하는 것을 지켜보다 보면 큰 기쁨을 얻게 될 거야! 정원을 가꾸면 여러 가지 이득이 생기는데, 실내 정원을 가꾸는 일도 마찬가지야.

공기 정화

식물은 카펫, 페인트, 가구에서 나오는 해로운 화학 물질을 활발하게 걸러 내. 다시 말해서 공기를 정화하는 거지. 식물은 이산화탄소를 흡수하여 **광합성**을 하면서 산소를 내보내. 집에서 기르는 식물도 광합성을 하면서 산소를 내보내서 집 안 공기를 상쾌하게 만들지.
일부 식물(유카속과 용설란속 식물들 같은 '공기 정화 식물')은 우리가 잠자는 밤에도 산소를 내뿜어. 미국 항공 우주국(NASA)이 공기 정화 기능을 처음으로 확인한 식물은 접란이란다.

행운을 가져오는 식물

몇몇 식물에 행운을 가져오는 힘이 있다고 믿는 사람들도 있어. 선물로 받으면 그 힘이 더 세다고 해. 중국 사람들은 옛날부터 개운죽이 행운을 가져온다고 믿었는데, 줄기 수에 따라서 의미하는 바가 달라. 줄기가 세 개인 개운죽은 건강과 행복을, 줄기가 여덟 개인 개운죽은 번영을 가져온대.

살아 있는 식량 창고

밭이 없더라도 허브와 샐러드용 채소를 집에서 기를 수 있어! 백리향(타임), 바질, 로즈메리는 창턱에서도 잘 자라니까 길러서 피자에 올려 맛있게 먹어. 비타민이 풍부한 근대 이파리를 일 년 내내 먹을 수도 있지.

실내용 식물이 사람들을 모이게 해 주기도 한단다! 7월 27일은 '반려 식물과 산책하는 날'이야. 반려 식물이 햇빛과 바람을 마음껏 쐬게 하고, 산책 나온 친구도 만나면 좋겠지?

명절을 함께하는 식물

수천 년 전부터 식물이 의례와 축하 행사에서 중요한 역할을 했어. 지금도 무언가를 상징하거나 특별한 일을 기념하고 싶을 때면, 특별한 식물을 집에 들여놓고는 하지.

가문비나무와 소나무

성탄절을 기념하는 사람들은 12월이 오면 **늘푸른나무**를 집에 들여. 나무를 방울과 반짝이로 장식하고 그 아래에 선물을 놓아두지. 옛날부터 성탄절 나무로 독일가문비를 주로 썼어. 그 대신에 노퍽섬소나무로 불리는 아라우카리아를 선택하는 사람들도 있지.

포인세티아

성탄절 하면 떠오르는 식물로는 포인세티아도 있어. 이 식물은 짙은 초록색 잎 위에 자라난 뾰족뾰족한 붉은 **포엽**이 아름답지. 포인세티아라는 이름은 아마추어 **식물학자**였던 미국의 조엘 로버츠 포인세트의 이름에서 왔어. 1828년에 포인세트가 멕시코에서 이 식물을 보고는 아름다움에 반해서 가지 몇 개를 미국으로 보냈어. 오늘날에는 해마다 11월 말에서 1월 초까지 이 식물이 7,000만 그루가 넘게 팔려. 하지만 원래의 자연 **서식지**는 **삼림 파괴**로 사라질 위기에 놓여 있단다.

자작나무

스웨덴 사람들은 예수의 죽음을 기념하는 성금요일과 성토요일에 함께 모여서 달걀을 색칠하고, 깃털로 자작나무 가지를 장식해.
그렇게 장식한 가지를 집 안에 걸어 두지.
남은 가지는 부활절 보물찾기에 나선 용감한 아이들이 찾도록 정원(또는 달걀 찾기가 벌어질 장소)에 뿌려.

툴시 비바

툴시(홀리바질이라고도 불러.)는 힌두교에서 여신으로 떠받드는 식물인데, 비슈누의 아내이기도 해. 우기가 끝나고 결혼 계절이 시작되는 걸 축하하기 위해서 툴시와 비슈누의 결혼식을 거행하는데, 이 축제를 툴시 비바라고 부른단다.

식물의 생존 전략

식물들은 전 세계 다양한 지역에서 살아남기 위해서 **적응**해 왔어. 꽁꽁 얼어붙은 북극 툰드라와 세찬 바람이 부는 **고산 지대**, 열대 우림과 건조한 사막, 물결이 세차게 흐르는 강과 깊은 바다까지 식물이 살지 않는 곳이 없지. 집에서 식물을 기르려면, 그 식물이 자연에서 지내던 것과 비슷한 환경을 만들어 주어야 해. 그러지 않으면 식물이 잘 자라지 못하거든.

뜨겁고 건조한 사막

남아메리카의 사막은 날마다 뜨거운 햇볕이 내리쬐는 곳이야. 비는 한 해에 250mm밖에 내리지 않지. 이곳에서 자라는 선인장은 줄기에 물을 보관해. 햇빛을 반사하려고 잎 대신에 색깔이 연한 가시를 지니고 있지. 이런 식물은 햇볕이 잘 드는 창턱에 놓아 기르면 좋아. 물은 2주에 한 번씩만 줘도 충분하지.

어둡고 축축한 정글

알로카시아가 자라는 곳은 아시아 열대 정글의 어두운 덤불 속이야. 매우 축축한 곳이지. 알로카시아는 이런 환경에 적응했어. 잎이 반들반들하고 한가운데 홈이 나 있어서 물이 잎에 닿자마자 또르르 굴러 곧장 땅바닥으로 떨어져. 그래서 잎이 잘 썩지 않아.

잎 아래쪽은 불그스름한 색깔인데, 이 덕분에 빛을 더 많이 흡수해. 햇빛이 잎을 통과했다가 불그스름한 표면에 반사되어 또 한 번 잎을 통과하거든. 잎이 같은 햇빛을 두 번 쬐는 셈이지.

알로카시아 같은 식물을 집에서 기르려면, 직사광선이 닿지 않는 따뜻한 곳에 두고 흙을 촉촉하게 유지해 주는 게 좋아.

어디에서 기르는 게 좋을까?

어디에서 식물을 기를 거니? 보트, 단독주택, 아파트, 다락방, 트레일러, 오두막, 창고, 캠핑카, 온실, 교실, 어디에서든 기를 수 있어. 단, 식물이 잘 자라기를 바란다면 몇 가지 조건을 세심하게 맞춰 주어야 해.

빛

햇빛(또는 알맞은 인공조명)은 식물이 광합성을 하는 데 꼭 필요해. 식물은 수천 년에 걸쳐서 특정한 환경에 적응하여 진화했어. 그러니까 식물이 너희 집을 자기 집처럼 편안하게 느끼기를 바란다면, 그 식물에 알맞은 빛이 드는 장소를 찾아 주어야 해.

그늘 또는 음지는 창문에서 적어도 1미터 떨어진 곳이야. 창문 바로 옆이라도 바깥 건물이나 나무가 거의 온종일 햇빛을 가리면 그늘이지. 그늘에 식물을 두면 햇빛이 직접 닿지 않아. 그늘이 완전히 어두운 곳을 가리키는 말은 아니야. 책을 읽을 수 있을 정도는 되어야 하지.

반그늘은 햇빛이 직접 들지 않는 밝은 방이나 밝은 창문에서 약간 떨어져 있어서 햇빛이 조금 약하게 드는 곳이지. 식물을 창문에서 1미터씩 떨어뜨릴 때마다 식물이 받는 빛이 반쯤 줄어.

온도와 습도

공간이 얼마나 덥거나 추운지 나타내는 게 온도고, 공기가 얼마나 축축한지 나타내는 게 습도야. 네가 방금 샤워하고 나온 욕실은 따뜻하고 습해. 정글이 바로 그런 곳이지. 항상 건조하고 햇빛이 드는 방은 사막과 비슷해.

반양지는 밝은 곳이지만 햇빛이 식물 잎에 직접 닿지는 않아. 햇빛이 들지 않는 창턱이나 밝은 창문에서 조금 떨어진 곳으로, 햇빛이 무언가에 반사되었다가 닿는 곳이지.

양지는 햇빛이 잘 드는 창문에 아주 가까운 곳이야. 양지에서는 직사광선이 식물에 바로 내리쬐지.

꼭 기억해!

집에서 기르는 식물은 빛, 온도, 습도 같은 조건이 천천히 변하면 잘 적응할 수 있어. 자연에서도 계절 변화에 적응했으니까 그런 거지. 하지만 환경이 갑자기 극적으로 변하는 것은 좋아하지 않아. 자연에는 에어컨, 선풍기, 히터 같은 게 없으니까 집에서도 식물 가까이에 이런 걸 두지 마.

고대 역사에 등장하는 실내 식물

실내에서 식물을 기르는 건 전혀 새로운 일이 아니야. 사실, 사람들이 실내에서 식물을 기른 지는 3,000년이 넘었어! 고대 사람들이 일찍부터 길렀던 식물들은 보기에 좋을 뿐만 아니라 일부는 쓸모도 있었지.

고대 이집트

기원전 1482년, 핫셉수트(두 번째 여성 파라오)가 동아프리카로부터 몰약 나무 31그루를 가져오라고 명령했어. 이 나무들은 신전 정원에 심었으니까 진짜 실내에서 길렀다고 할 수는 없지. 하지만 여러 신전 정원에 지붕을 씌웠으니까, 건물 바깥에 있는 '방'이라고 해도 될 거 같아.

바빌론 공중 정원

신바빌로니아의 네부카드네자르 2세가 향수병에 걸린 왕비를 위해서 왕비의 고향인 이란 땅에서 꽃과 나무를 들여와 정원에 심었어. 그게 바빌론 공중 정원인데 아름다운 식물들로 장관을 이루었대. 식물을 테라스에 심거나 퍼걸러(서양식 정자)에 매달아서 길렀는데, 첨단 기술을 이용해 식물에 물을 주었다지. 몇몇 역사가들은 공중 정원이 이라크 북부의 니네베에 있었으며, 센나케리브 왕이 기원전 700년경에 만들었다고 주장한단다.

작아도 완벽한 풍경, 분재

나무를 멋진 모양으로 작게 기르는 예술이 200년에서 500년 무렵에 베트남에서 유행했어. 나무와 더불어 돌과 흙으로 산, 폭포, 길까지 있는 아름다운 풍경을 만들어 냈지. 이런 예술을 **분재**라고 하는데 중국과 우리나라, 일본까지 퍼졌어. 지금은 전 세계 사람들이 취미로 분재를 길러.

화분에 심은 식물

고대 그리스와 로마에서는 부자들이 허브, 올리브, 과일나무 따위를 화분에 심어서 집 안에서 길렀어. 711년에 아랍인들이 스페인 남부를 정복했을 때, 아랍 정원사들이 이 방법을 유럽에 들여와서 퍼뜨렸지. 아랍 과학자이자 저술가인 이븐 알아왐이 12세기에 스페인 세비야에서 『농업 책』을 펴냈는데, 거기에는 정원을 가꾸고 수확물을 보관하는 온갖 방법이 들어 있었어.

열대 식물 수송 작전

1829년, 외과의이자 아마추어 **박물학자**였던 너새니얼 백쇼 워드는 박각시나방 **번데기**를 채집했어. 워드는 유리병에 정원 흙을 조금 담은 다음, 거기에 번데기를 넣고 밀봉해서 창턱에 두었지. 그러고는 번데기에서 나방이 나오기를 기다렸는데, 정작 유리병 안에서 고사리가 자라는 걸 보고 깜짝 놀랐어.

워드는 그 전에 정원에 고사리를 기르려고 심었는데, 런던의 공기가 나빠서 모두 죽고 말았어. 하지만 유리병이 자체 물 순환이 이루어지는 작은 보호 구역 역할을 해서, 정원 흙 속 고사리가 싹이 터서 자란 거야.

워디언 케이스

워드는 이 일을 계기로 워디언 케이스를 발명했어. 배로 몇 달씩 수송하는 동안, 식물을 안전하게 보관할 수 있는 휴대용 온실이었지. 이 장비는 1950년대까지 차, 고무나무, 바나나 같은 식물을 전 세계로 수송하는 데 쓰였어. 워디언 케이스를 장식용으로 작게 만들어서 거기에 식물을 기르기도 했어. 그걸 테라리엄이라고 부르는데 유리병 정원이라고 생각하면 돼. 80~81쪽에 테라리엄 제작 방법이 나오니까 직접 만들어 보렴.

고사리 열풍

워디언 케이스 중에는 비교적 싼 것도 있었어. 사람들이 앞다투어 워디언 케이스를 집에 들여놓고 거기에 난과 고사리 같은 식물을 기르기 시작했지. 얼마 뒤 고사리 유행이 들불처럼 번졌어. 사람들이 자연에서 고사리를 너무 많이 채집하는 바람에 몇몇 종은 거의 **멸종**에 이를 지경이 되었지. 그 사태를 '빅토리아 시대 고사리 열풍'이라고 부른단다.

식물 사냥꾼의 활약

워디언 케이스가 발명된 뒤로 식물 사냥꾼들이 색다른 식물들을 채집하러 전 세계를 돌아다녔어. 이런 식물들이 아주 먼 장소에서 자랐기 때문에 식물 사냥 여행은 꽤 위험했어. 심지어 사냥꾼들이 목숨을 잃을 위험에 처하기도 했지. 식물 사냥꾼들은 수많은 새로운 식물을 자기 나라로 들여왔어. 그러느라 때로는 식물들이 자라던 환경을 훼손하기도 했지. 지금은 식물을 채집할 때 엄격한 규정을 지키도록 하고 있어. 자연 서식지를 지키려고 그러는 거란다.

잔 바레

잔 바레는 처음으로 세계 일주를 했다고 알려진 여성이야. 1766년에 남자 옷을 입어 심부름꾼으로 가장하고 에투알이라는 수송선에 올랐지. 잔 바레는 세계를 일주하는 동안 식물을 약 6,000종류 채집했어. 그중에는 실내에서도 기를 수 있는 남아메리카 부겐빌레아를 비롯해 오늘날 정원에서 쉽게 찾아볼 수 있는 식물들이 포함되어 있단다.

메리앤 노스

1830년에 태어난 식물 화가인 메리앤 노스는 거의 모든 대륙을 홀로 여행하면서 식물과 풍경 그림을 그렸어. 그의 그림은 영국 사람들에게 지구 반대편에 가야 볼 수 있는 아름다운 풍경을 볼 기회를 주었고, 많은 사람이 열대 식물을 사도록 부추겼어. 메리앤 노스가 보르네오섬에서 발견한 한 식물에는 그녀의 성을 따서 네펜테스 노르티아나라는 이름이 붙었지. 이 식물은 **식충 식물**인데, 실내에서 기르기에 아주 좋아.

마거릿 미

1952년, 42살이 된 식물 화가 마거릿 미는 브라질의 아마존 열대 우림으로 향했어. 그 뒤로 거기에서 30년 동안 살면서 주변 식물들을 그렸어. 그러면서 아마존 열대 우림 **보존** 운동에도 참여했고 애크메아라는 식물도 발견했어. 이 식물은 파인애플의 친척이야.

기묘하고 경이로운 실내 식물

식물 사냥꾼들은 수백 년에 걸쳐서 전 세계에서 희귀하고 아름다운 식물을 채집해 자기 나라로 가져갔어. 그 덕분에 '평범한' 가정에서 색다른 식물을 기르는 즐거움을 누리게 되었지. 오늘날에도 식물 사냥꾼들은 낯설고 강한 향이 나거나 아름다운 식물을 채집하기 위해 전 세계를 누빈단다.

가장 오래된 화분 식물

들어서자마자 감탄하게 되는 런던 큐 **식물원**에 가면, 세계에서 가장 오래된 화분 식물을 볼 수 있어. 키가 4미터에 이르는 거대한 소철인데, 무게가 1톤이 넘어! 1775년에 남아프리카에서 배로 실어 왔을 때부터 지금까지 죽 큐 식물원에서 살고 있지.

식물이 마음을 읽는다?

1966년 어느 날 밤, 미국 중앙 정보국에서 거짓말 탐지기 전문가로 일하던 클리브 백스터가 행운목에 거짓말 탐지기(생물 몸에서 일어나는 전기 흐름의 변화를 측정하는 장치)를 연결했어. 물을 주면 이 식물이 어떻게 반응하는지 알아보려고 그런 거였는데, 정말로 식물이 반응했단다.

그다음으로 백스터는 식물을 태우겠다고 생각하면서 거짓말 탐지기에 어떤 반응이 나타나는지 살펴보았어. 거짓말 탐지기가 반응을 보이자 백스터는 식물이 자신을 해치겠다는 생각에 반응한 거라고 여겼어. 식물이 주변에 있는 다른 생물의 생각을 인식할 수 있다고 믿었던 거지. 백스터는 이걸 '일차 지각'이라고 불렀어. 식물이 마음을 읽는다고 생각한 거야.

정말 비싼 식물들

1630년대 네덜란드에서는 튤립이 큰 인기를 끌어서 튤립 알뿌리(구근) 하나가 1년 치 임금과 맞먹을 만큼 비쌌어. 이건 놀랄 만큼 비싼 식둘의 한 예에 불과해. 2021년에는 미국의 한 전문 원예 상점에서 관엽 식물의 하나인 필로덴드론 빌리에티아이 바리에가타가 18,888달러(약 23,500,000원)에 달렸단다.

우주에서도 자라요

과학자들은 인간이 우주에서 살 방법을 찾고 있는데, 화성이나 달에 집을 짓고 살려면 신선한 먹을거리를 공급하는 게 아주 중요해. 국제 우주 정거장에서는 '베지'라고 부르는 장치에서 식량으로 쓸 식물을 길러. 진흙 '베개'에 식물을 심고 엘이디(LED) 조명으로 알맞은 파장의 빛을 쏘여 주는 거야. 지금까지 국제 우주 정거장에서는 상추, 케일, 겨자, 고추 따위를 길렀어.

2부
집에서 기를 수 있는 식물의 세계

이름이 붙은 사연부터 그들이 겪은 놀라운 진화 과정까지, 식물들은 저마다 매혹적인 이야기를 품고 있어. 지금부터 집에서 기르기 쉬운 식물들을 소개해 줄 테니 어떤 걸 기를지 선택해 봐. 식물들의 서식지에 대해서 배우고, 그들의 쓰임새와 야생에서 생존하는 경이로운 방법에 대해서도 알아볼 거야. 잎이 무성한 친구들의 비밀을 살짝 알려 줄 테니까 기대해!

잎이 통통한 다육 식물

다육 식물은 두꺼운 잎과 줄기에 생존에 필요한 물을 저장할 수 있어. 이런 능력 덕분에 뜨겁고 건조한 곳에서도 잘 자라. 춥고 바람이 부는 황량한 서식지에서도 살 수 있지. 다육 식물은 집에서 기르기에 알맞은 식물이야. 세심하게 돌볼 필요도 없고 물도 자주 주지 않아도 되거든. 다육 식물은 종류가 아주 많으니까, 너한테 맞는 걸 선택해 봐.

응급 처치에 쓰는 식물

알로에 베라는 아름답기도 하지만 쓸모가 많은 식물이야. 초록색 잎에 들어 있는 젤은 소화를 돕고, 이와 잇몸을 건강하게 유지하고, 햇빛 화상으로 따가운 피부를 식혀 주지. 인류가 알로에 베라를 이용한 기록은 4,000년이나 된 수메르 점토판 문서에도 나오고, 기원전 1500년경에 쓴 이집트 의학 문서에도 적혀 있어.

운이 좋으면, 네가 키우는 알로에 베라가 가끔 꽃을 피울 거야. 곧게 자라난 꽃대에 노란색, 주황색, 분홍색 또는 빨간색 꽃이 피지. 자연에서는 화려한 색깔에 이끌려 온 새들이 **꽃가루받이**를 해 준단다.

바나나선인장

방울방울 이어진 다육 식물

콩선인장이라고도 부르는 녹영은 초록빛 구슬들이 **덩굴**에 알알이 달려 있어서 알아보기 쉬워. 초록빛 '진주' 같은 구슬들은 이 식물의 잎인데, 여기에 물을 저장하지. 이 식물을 행복하게 해 주려면 햇빛이 잘 드는 곳에 두고, 흙이 바싹 말랐을 때 물을 주면 돼.

돌고래선인장

녹영

살아 있는 돌

리톱스속 식물들은 살아 있는 돌이라고도 부르는데, 돌멩이를 닮은 모습으로 진화했어. 그래서 거북 같은 배고픈 **초식 동물**들의 눈을 피하기 좋아. 아프리카 남부의 매우 건조한 지역에서 살던 식물이라서 물은 적게 주는 게 좋지만, 햇빛이 잘 드는 곳에 두어야 해.

아기자기, 찻잔 다육 식물

차 한 잔 마실래? 오래된 찻잔과 찻잔 받침을 멋지게 재활용해 보자. 『이상한 나라의 앨리스』에 나오는 미친 차 파티에 어울리는 다육 식물 화분이 탄생할 거야.

준비물
- 찻잔과 찻잔 받침(낡은 걸 쓰면 좋아!)
- 강력 접착제
- 자갈 또는 작은 조약돌
- 선인장용 또는 다육 식물용 배양토
- 다육 식물(다음 속에 포함된 식물 중에서 하나를 골라. 돌나무속, 셈페르비붐속, 석연화속, 리톱스속, 대구돌나물속, 또는 아주 작은 선인장)

> **나도 식물 박사**
> 스스로 선인장용 배양토를 만들고 싶다고? 원예용 모래, 굵은 모래, 다용도 배양토, 이렇게 세 가지를 같은 비율로 섞으면 돼.

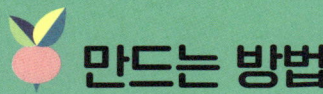
만드는 방법

1. 찻잔과 찻잔 받침을 깨끗이 씻어서 잘 말려. 그다음에 강력 접착제로 찻잔을 찻잔 받침에 붙여.

2. 찻잔 바닥에 자갈 또는 작은 조약돌을 3cm쯤 채워 넣어.

3. 선인장용 또는 다육 식물용 배양토를 찻잔의 3분의 2까지 채워.

4. 다육 식물을 화분에서 뽑아 찻잔에 조심스럽게 옮겨 심어.

5. 찻잔 꼭대기까지 배양토를 채우고 꾹꾹 눌러. 배양토 위에 물을 조금 뿌려 주고 햇빛이 잘 드는 곳에 둬!

가시가 가득한 선인장

전 세계에서 자라는 선인장은 2,000종이 넘는데, 모양과 크기가 다양해. 대부분은 아메리카 대륙의 건조한 사막(100일이 넘도록 비가 한 방울도 내리지 않기도 하지.)에서 자라는데, 몇몇 종은 습한 열대 우림에 서식하기도 한단다.

옹환(노인선인장)은 무성하게 자란 수염 같은 흰 털로 빽빽하게 덮여 있어서 초록색 줄기가 거의 안 보여! 흰 털이 선크림 같은 기능을 하니까 직사광선이 내리쬐는 곳에 두어도 좋아해. 물은 2주에 한 번만 주면 돼. 겨울에는 한 달에 한 번이면 충분하지.

아즈텍족은 부채선인장속 선인장을 건축 재료, 음식, 땔감, 종교 의례 등에 사용했어. 이 선인장들은 넓은 표면 양쪽이 각각 동쪽과 서쪽을 바라보며 자라. 그러면 한낮에 뜨거운 햇빛이 직접 닿지 않아 자기 몸을 시원하게 유지할 수 있지.

생선뼈선인장은 멕시코 열대 우림에 서식하는데, 다른 식물에 붙어서 자라 (이런 식물을 **착생 식물**이라고 하지.). 꽃은 레몬 향이 나고 나팔처럼 생겼는데, 밤에 피는 꽃을 찾아온 박쥐와 나방이 꽃가루받이를 해 주지. 햇빛이 직접 닿지는 않지만 밝고 습하고 따뜻한 곳을 좋아하니까, 환한 욕실에서 기르면 완벽하겠다.

서봉옥선인장의 학명은 '염소를 닮은 별 식물'이란 뜻이야. 줄기는 골이 팬 모양이고, 가시는 단단하고 긴 데다가 염소 뿔처럼 휘었지. 멕시코 북부의 사막이 원산지니까 직사광선이 드는 곳에 두어도 괜찮아.

 **뾰족뾰족, 사막 정원**

선인장과 다육 식물은 모래가 많이 섞인 흙을 얇게 깔고 실내에서 키워도 오래 살아. 집에 있는 화분이나 안 쓰는 어항이나 과자 상자로 미니 사막 정원을 가꾸어 봐.

준비물

- ☐ 금속, 유리, 플라스틱, 또는 나무로 된 튼튼한 용기(깊이가 적어도 7cm는 되어야 해.)
- ☐ 자갈 한 줌
- ☐ 숯 한 줌
- ☐ 용기 바닥을 덮을 수 있는 크기의 펠트 천
- ☐ 종류가 다양한 작은 선인장, 리톱스, 다육 식물
- ☐ 선인장용 또는 다육 식물용 배양토
- ☐ 장식으로 쓸 조약돌, 돌멩이, 모래

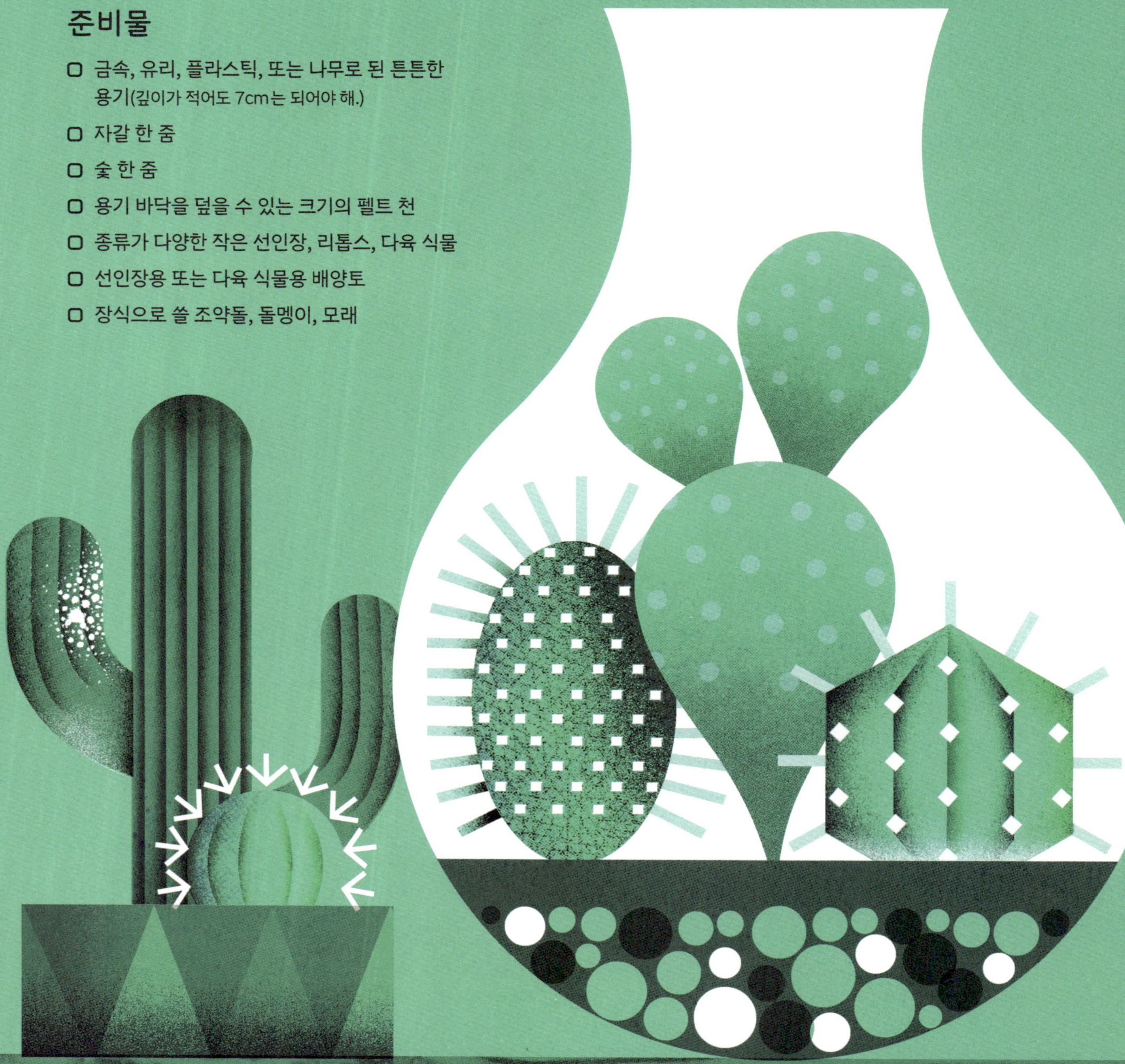

만드는 방법

1. 용기 바닥에 자갈을 얇게 깔고 그 위에 숯을 뿌려.

2. 자갈과 숯 위에 펠트를 깔고, 그다음에 배양토를 얇게 깔아. 이렇게 하면, 나중에 사막 정원에 물을 줄 때 배양토가 바닥층으로 흘러내리지 않아.

3. 선인장과 다육 식물을 화분에서 꺼내서 배양토에 예쁘게 배치해.

안전제일! 선인장을 만질 때는 원예 장갑을 껴.

4. 용기에 배양토를 채우고, 잘 눌러 줘. 이때, 용기 꼭대기에서 1cm 아래까지만 배양토를 채워.

5. 준비해 둔 조약돌, 돌멩이, 모래로 장식하고, 배양토에 물을 조금 줘.

모양새가 특이한 돌나무과 식물

돌나물과 식물은 전 세계 곳곳에 살아! 돌나물과에는 36속이 있고, 200종이 넘는 식물이 포함되어 있어. 염자는 기르기도 쉽고 큰 만족을 주는 식물이야. 잎을 잘라서 심는 방법으로 **번식**시킬 수 있지. 화분 바깥까지 풍성하게 자라는 종을 기르고 싶다면, 십자성을 선택하는 게 좋을 거야.

에케베리아 레투사는 기르기 쉬운 식물이야. 물을 너무 많이 주지 않고, 해마다 분갈이해 주면, 봄마다 꽃을 피우지.

아이오니움속

아이오니움속 식물은 카나리아 제도, 마데이라 제도, 아프리카 북부와 동부 일부 지역에 서식해. 아이오니움이란 이름은 그리스어 '아이온'에서 유래한 건데, '늙지 않는다'라는 뜻이야.

에케베리아속

에케베리아속 식물은 남아메리카 중부와 북서부의 바위가 많은 산에서 자라. 잎은 두툼하고 파란빛을 띤 초록색이나 분홍색인데, 로제트 모양으로 자라지. 이 식물들은 햇빛을 충분히 쬐지 못하면, 줄기가 길어지는 **웃자람** 현상이 일어나. 햇빛에 가까이 다가가려고 그러는 거지. 에케베리아라는 이름은 18세기 멕시코 식물 화가이자 박물학자였던 아타나시오 에체베리아 이 고도이의 이름에서 온 거란다.

돌나물속

돌나물속 식물들은 보통 '돌 작물'이라고 부르기도 해. 오래전 사람들은 이 식물들이 지붕에서 자라면, 천둥, 벼락, 사악한 마술을 막아 준다고 믿었어. 돌나물속 식물의 꽃이 실연의 아픔을 치유한다고 믿기도 했지.

옥주염

칼랑코에속

칼랑코에속 식물은 아시아와 열대 아프리카가 원산지야. 천손초는 잎 가장자리에서 **클론**이 생겨나는데, 이것들이 떨어져서 어미 식물 아래에서 싹을 틔우지. 그래서 자손이 수천이나 된다는 뜻으로 천손초라고 부른단다.

닮지 않은 가족, 비짜루과 식물

네 친척 중에는 너랑 꼭 닮은 사촌도 있고, 전혀 닮지 않은 사촌도 있을 거야. 몇몇 식물 과들도 마찬가지야! 비짜루과 식물들이 좋은 예지. 비짜루과 식물에는 먹을 수 있는 채소도 있고, 아주 다양하고 인상적인 식물들도 있단다.

아스파라거스 세타세우스는 고사리를 닮았지만 고사리랑 아무 관계도 없어. 섬세하고 깃털처럼 생긴 잎을 단 이 식물은 직사광선이 닿지 않는 밝은 곳에서 잘 자라. 습도도 높아야 하지. 쓰다듬는 걸 싫어하는 데다가 줄기에 뾰족한 돌기가 나 있으니까 조심해서 다뤄야 해!

엽란속 식물들을 처음 영국으로 들여왔을 때, 사람들이 '무쇠 같은 식물'이라고 별명을 붙였어. 가스난로를 땔 때 생긴 실내 공기 **오염**에 잘 견뎠기 때문이지. 이 식물들이 어찌나 유명해졌는지, 조지 오웰이 『엽란을 날려라』라는 소설을 쓸 정도였단다.

접란은 매우 빨리 자라는 식물이야. 공중에 매달아서 아래로 자라도록 키울 수도 있지.

아메리카와 카리브해의 따뜻한 지역이 원산지인 유카속 식물들은 잎이 거칠고 칼처럼 생겼어. 하얀 꽃을 피우는데, 작은 나방이 꽃가루받이를 해 주지. 그 대가로 나방 애벌레가 씨앗을 조금 먹어. 집에서 오래도록 쉽게 키울 수 있는 식물이야.

잎끝이 뾰족한 용설란속 식물

용설란속 식물들은 튼튼한 사막 다육 식물이야. 실내에서 기르기도 쉽지. 시럽을 만드는 데 쓰이고, 단단한 잎의 **섬유**를 꼬아 끈을 만들거나 가방과 깔개를 짜기도 하지. 만약 네가 사막에 홀로 떨어져 있는데 바느질을 해야 한다면, 이 식물들에서 필요한 도구를 즉시 얻을 수 있어. 이 식물들의 뾰족한 잎끝은 이미 실을 꿰어 놓은 단단한 바늘이나 마찬가지거든!

아즈텍족은 용설란이 풍요와 다산을 관장하는 마야우엘 여신과 연결된 신성한 식물이라고 여겼어.

용설란속 식물들은 밤에 이산화탄소(CO_2)를 흡수하는 드문 종류야. 사막에서는 기온이 낮은 밤에 **기공**을 열어야 수분을 잃을 위험성이 낮기 때문이지. 이 식물들은 밤에 CO_2를 저장해 두었다가, 이걸로 낮에 광합성을 해.

용의 피를 닮은 용혈수속 식물

카나리아제도에는 정말로 거대한 나무가 자라. 바로 용혈수지. 전설에 따르면, 이 나무에서 나오는 붉은 수액은 진짜 용의 피래! 이 붉은 수액은 옷감과 바이올린을 **염색**하거나 곤충을 쫓는 데 쓰였어. 미라를 만드는 데도 사용되었지! 이 거대한 나무의 작은 친척들은 집에서 기르기에 좋아. 진짜 잘 안 죽거든!

산세비에리아는 아프리카 사막이 원산지야. 옛날에는 이 식물의 길고 튼튼한 잎 섬유로 활줄을 만들었어. 산세비에리아는 밤에도 산소를 내뿜으니까 간접적으로 밝은 햇빛이 드는 침실에서 기르면 좋아.

드라케나 테르미날리스는 잎 가장자리가 붉은빛을 띠어. 그래서 영어로는 '불타는 용 나무'라는 뜻으로 flaming dragon tree라고 부르지.

선인장을 닮은 대극속 식물

자연에서는 서로 친척 관계가 아닌 종들이 똑같은 특징을 지닌 모습으로 진화하기도 해. 고슴도치와 바늘두더지는 친척이 아니지만 둘 다 가시가 있고, 박쥐도 새처럼 날 수 있게 진화했지. 식물 세계로 눈을 돌려 보면, 선인장과 거의 똑같은 대극속 식물들을 발견할 수 있지. 이건 둘 다 같은 '문제들'을 극복하기 위해서 적응한 결과야. 그 문제가 뭐냐 하면, 뜨거운 햇빛, 모래가 많은 흙, 비가 거의 내리지 않는 기후야. 그래서 많은 대극속 식물이 다육 식물인 거지.

채운각은 가시에 작은 잎이 달린 선인장처럼 보여. 변종에 따라서 잎이 초록색, 빨간색, 자주색을 띠기도 하지. 꽤 크게 자라고 해가 잘 드는 곳을 좋아해. 거의 모든 다육 식물들처럼 흙이 바싹 말랐을 때 물을 주어야 해. 인도에서는 이 식물의 수액과 **흰개미** 탑에서 채집한 진흙을 섞어서 새로 만든 칼과 도끼의 날을 날카롭게 가는 데 써.

오체각

야구공처럼 생긴 오베사는
골이 팬 뚱뚱한 공 모양이야.
오베사는 라틴어로 '뚱뚱하다'
또는 '불룩하다'라는 뜻이지.
원산지가 남아프리카인데,
사람들이 너무 많이 채취하는
바람에 멸종 위기에 놓이게
되었단다.

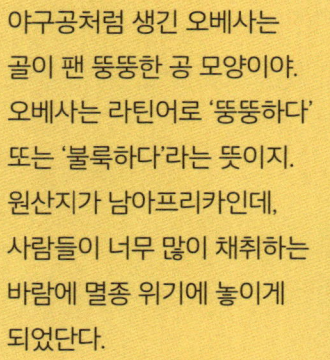

부채처럼 생긴 춘봉철화는 사실은
에우포르비아 락테아의 **돌연변이**로 다른
다육 식물의 줄기(근경)에 **접붙이기**를 한
거야. 청회색에서 은색까지 다양한 색깔을
띠지.

안전제일! 모든 대극속 식물에는
독이 들어 있어. 하얀색 수액이
피부에 닿으면 아프니까
조심해서 다르렴!

청산호

 **식물 키움터** # 내 맘대로 찰흙 화분

새로 화분을 사거나 오래된 화분을 다시 쓰는 것도 편리하지만, 네 손으로 작은 찰흙 화분을 만들어 보는 것도 좋을 거야. 작은 찰흙 화분은 작은 다육 식물을 키우기에 딱 알맞아.

준비물

- ☐ 찰흙
- ☐ 밀방망이
- ☐ 두루마리 휴지 또는 키친타월 가운데에 있는 단단한 종이 심지
- ☐ 버터 바르는 칼
- ☐ 물 한 컵
- ☐ 고운 사포
- ☐ 비닐 랩
- ☐ 방수 마감재

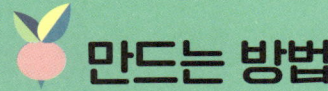
만드는 방법

1. 찰흙을 비닐 랩 두 장 사이에 넣고 두께가 5~7mm가 될 때까지 밀방망이로 밀어서 펴.

2. 종이 심지 둘레를 잰 뒤, 찰흙 판 위에 직사각형 두 개를 그려. 가로는 9cm와 6cm, 세로는 심지 둘레+5mm로 그려(높이가 다른 화분 두 개를 만들 것이므로).

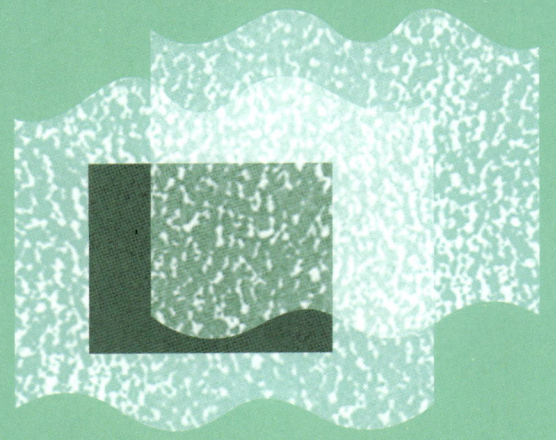

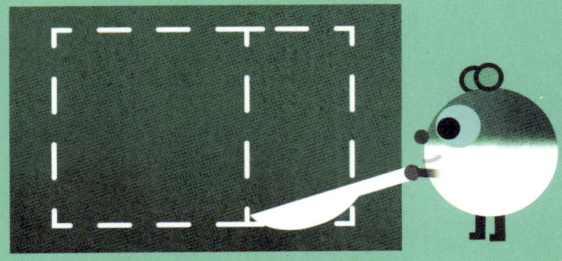

3. 직사각형 모양으로 잘라 낸 찰흙 판으로 심지를 감싸. 이때, 찰흙 판을 각 심지의 끝과 딱 맞춰. 찰흙 판이 서로 만나는 부분은 잘 눌러서 붙이고, 물을 조금 발라서 붙인 자국이 남지 않도록 마무리해.

4. 이제 화분 바닥을 만들 차례야. 찰흙 판 위에 심지를 올리고 가장자리를 따라서 찰흙을 잘라 내. 잘라 낸 동그란 찰흙을 이미 만들어 놓은 찰흙 원통 아래쪽에 밀어 넣어 꼼꼼하게 붙여.

5. 하룻밤 동안 말린 뒤, 거친 부분은 고운 사포로 부드럽게 갈아서 다듬어.

나도 식물 박사
화분 안쪽에 비닐 랩을 씌우거나 방수 마감재를 얇게 바르면, 식물을 심고 물을 줄 때 새지 않아.

잎 모양이 화려한 천남성과 식물

천남성과 식물들은 잎 모양이 다양하고 화려해. 자연에서는 빛이 어른어른하는 숲 바닥에서 자라는 종류가 많아. 집에서는 직사광선이 닿지 않는 창턱처럼 밝은 곳에서 키우면 좋아. 빛이 좀 부족해도 잘 견디니까 방 어디에 두어도 괜찮아!

칼라디움속

칼라디움은 파티에 가려고 차려입은 것처럼 화려해. 원산지는 남아메리카와 중앙아메리카인데, 엄청나게 다양한 색깔로 이루어진 **품종**이 1,000가지가 넘어. 따뜻하고 반그늘인 공간에서 잘 지내(칼라디움을 가져다 놓기만 해도 방이 환해질 거야!). 9월쯤에는 잎이 시들어 떨어질 텐데, 걱정하지 마. 영양분은 땅속 **덩이줄기**에 보관하고 있으니까. 겨울에는 물을 주지 마.

알로카시아속

알로카시아속 식물들은 아시아 열대 지방과 오스트레일리아 동부 지역이 원산지인데, 잎이 크고 잘생겼어. 반양지나 반그늘인 따뜻한 공간에서 잘 자라, 모두 독성이 있으니까 조심해.

알로카시아 '가오리'

알로카시아 아마조니카는 1950년대에 미국에서 아마존 식물 종묘장을 운영하던 살바도레 마우로가 개발한 **교잡종**이야. 코끼리 귀를 닮은 잎은 매우 반짝거리고, 잎맥은 색깔이 옅어.

알로카시아 제브리나는 잎이 커다란 화살 모양이고 잎줄기에는 얼룩말 무늬가 있어. 빛이 부족하거나 직사광선을 쬐면 잎이 누렇게 변하니까 반양지나 반그늘에서 키워.

용 비늘을 닮은 알로카시아 바긴다는 잎이 크고 은은한 광택이 있어. 약간 올록볼록하고 색깔은 은빛이 도는 초록색인데, 가운데로 갈수록 색깔이 어두워지지. 꼭 인공적으로 만든 거 같아. 뿌리가 잘 쓰으니까 흙이 바싹 말랐을 때 물을 주는 게 좋아.

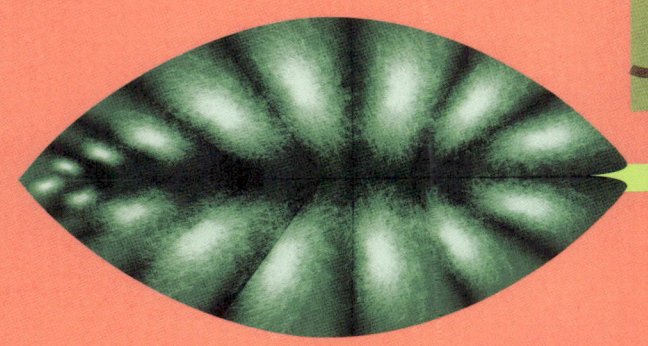

줄기가 쑥쑥, 필로덴드론속 식물

필로덴드론속에는 500종이 넘는 식물이 있어. 필로덴드론은 '나무를 사랑한다.'라는 뜻이야. 남아메리카가 원산지인 이 식물들은 집에서 기르기에 좋은데 무엇이든 감으면서 줄기를 잘 뻗어. 방 모서리나 벽에 가까이 놓고 기르면 금방 무성하게 자라지. 줄기가 위나 아래로 뻗도록 키울 수 있는데, 2m까지 자라기도 한단다! 이 식물들도 공기를 깨끗하게 정화해. 습도가 높고 따뜻한 반양지나 반그늘에서 잘 지내고, 물은 겉흙이 바싹 마른 다음에 듬뿍 주는 게 좋아.

필로덴드론 '플로리다'

필로덴드론 멜라노크리슘

 **식물 키움터**

흔들흔들, 걸이 화분

소중한 초록빛 보물을 뽐내기에 좋은 방법은 걸이 화분에서 키우는 거야. 그럼 덩굴 식물의 매력을 한껏 드러낼 수 있어. 바닥, 창턱, 탁자 같은 귀중한 공간은 다른 식물에 양보할 수 있으니 일석이조! 끈에 매듭을 지어서 멋진 작품을 만드는 걸 매듭 공예라고 해. 지금부터 매듭 열 개로 예쁜 걸이 화분 만드는 방법을 알려 줄게.

준비물

☐ 길이가 240cm쯤 되는 줄 4개. 줄은 화분 무게를 감당할 만큼 질겨야 해.
☐ 지름이 20cm인 화분과 화분에 심을 식물

나도 식물 박사

걸이 화분에는 덩굴 식물이 잘 어울려. 필로덴드론 미칸스 추천!

만드는 방법

1. 그림처럼 줄 4개를 나란히 놓는다. 줄 4개를 모두 반으로 접고, 접힌 부분에 매듭을 지어 하나로 묶어(이 부분이 고리가 돼.). 줄을 살살 잡아당겨서 고리 4개의 크기가 모두 같도록 조정해.

2. 고리로부터 전체 길이의 3분의 1이 되는 지점에서 두 가닥씩 묶어 매듭 4개를 만들어. 이때 고리에서 네 매듭까지 길이가 같아야 해.

> **나도 식물 박사**
> 누군가 고리를 잡아 주면 매듭을 짓기 편해. 도와줄 사람이 없다면 고리를 문고리에 걸고 하면 되지.

3. 매듭 4개로부터 10cm쯤 아래 지점에서 나란히 붙어 있는 두 가닥끼리 묶어서 다시 매듭 4개를 만들어. 이미 매듭을 이루고 있는 가닥끼리 묶지 않도록 주의! 첫 번째 매듭에서 두 번째 매듭까지 길이가 모두 같아야 해.

4. 가운데에 화분을 넣은 뒤, 모든 가닥을 하나로 모아서 화분 아래쪽에서 매듭을 지어. 화분 무게를 지탱해야 하니까 단단히 묶어야 해. 짧은 가닥이 있으면 살살 잡아당겨서 나머지 가닥과 길이를 맞춰. 이제 고리를 원하는 곳에 걸면 끝!

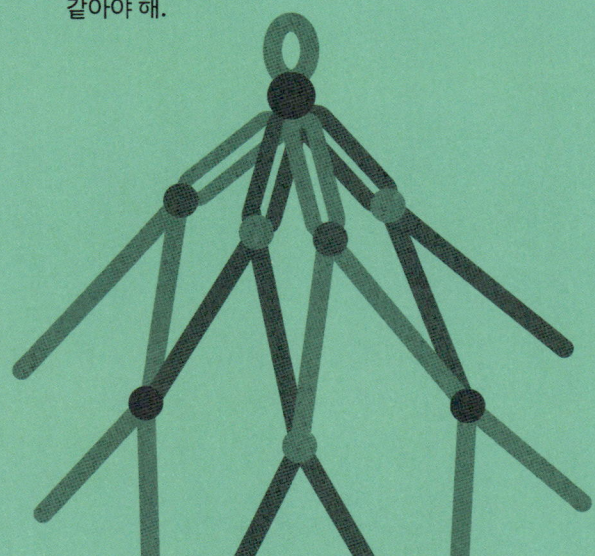

55

구멍이 숭숭, 몬스테라속 식물

몬스테라속 식물들은 잎에 구멍이 숭숭 뚫려 있어서 쉽게 구분돼. 이렇게 잎에 구멍이 뚫리는 현상을 **창내기**라고 해. 이 구멍들 덕분에 몬스테라속 식물들은 남아메리카 정글에서도 빛, 물, 바람을 쐴 수 있지. 몬스테라속 식물들은 덩굴 식물이라서 기둥을 타고 오르거나 화분을 넘어서 줄기를 잘 뻗어.

몬스테라 델리키오사의 별명은 스위스 치즈야. 잎 모양이 구멍이 숭숭 뚫린 치즈를 닮았잖아! 몬스테라를 행복하게 해 주려면, 햇빛이 잘 드는(단, 직사광선은 피해야 해.) 따뜻한 방에서 흙을 촉촉하게 유지하면서 키워.

몬스테라 잎은 너비가 45cm까지 자랄 수 있어.

몬스테라 아단소니 잎은 너비가 겨우 10cm야.

몬스테라의 멋진 잎을 보고 싶은데 방이 좁다면, 몬스테라 아단소니를 키워. 이 식물은 걸이 화분에서도 잘 자라고, 선반 위 화분에서도 줄기를 아래로 뻗으며 성장하지. 줄기를 잘라서 심는 방법으로 쉽게 번식시킬 수 있어.

무늬 아단소니

무늬 잎

잎이 여러 색깔로 이루어진 식물을 **무늬 식물**이라고 해. 무늬 식물의 잎은 얼룩덜룩하거나, 두 가지 색깔이거나, 줄무늬가 있거나, 심지어는 흰색 페인트를 뿌린 것 같은 모양을 띠기도 해. 실내에서 기르는 무늬 식물 중에는 매우 희귀한 것도 있는데, 아주 비싸!

무늬몬스티라

 # 동글동글, 이끼 공

이끼 공은 일본 사람들이 만들기 시작했어. 화분 대신에 공처럼 만든 이끼에 식물을 키우는 거지. 일본에서는 '고케다마'라고 부른단다. 이끼 공은 넓은 공간을 차지하지 않으면서 식물을 전시할 수 있는 좋은 방법이야.

준비물

- ☐ 양동이
- ☐ 흙
- ☐ 물
- ☐ 작은 고사리 또는 필로덴드로속 식물 또는 스파티필룸
- ☐ 물이끼
- ☐ 천연 섬유로 만든 끈

나도 식물 박사
이끼 공에 심은 식물을 행복하게 해 주려면 날마다 물을 뿌리거나 일주일에 한 번 물에 푹 담가 줘.

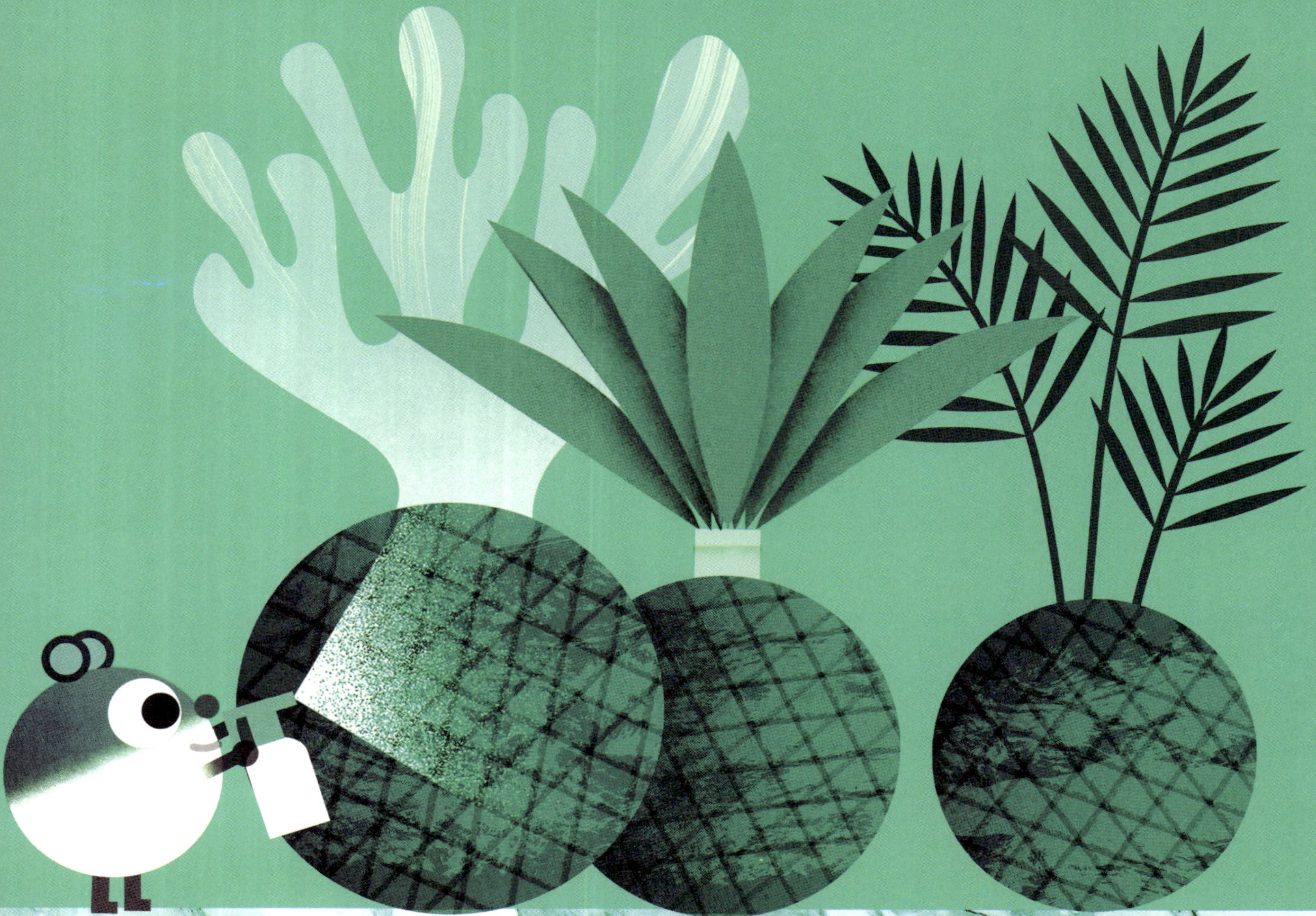

# 만드는 방법

1. 양동이에 흙을 넣고 촉촉해질 때까지 물과 섞어. 나중에 공 모양으로 뭉칠 때 흙이 부서지지 않는 상태가 되어야 해.

2. 선택한 식물을 화분에서 뽑아 뿌리 주위 흙을 부드럽게 떨어내.

3. 물이끼로 뿌리를 감싸서 둥근 모양으로 만든 다음에 끈으로 단단히 묶어.

4. 준비해 둔 흙으로 조심스럽게 주위를 감싸서 공 모양으로 만들어. 오렌지 크기 정도면 돼.

5. 흙 공을 물이끼로 감싸고 끈으로 단단히 묶어. 둥근 공 모양이 될 때까지 물이끼로 감싸고 끈으로 묶는 과정을 반복해. 마지막에 묶을 때는 끈을 길게 남겨. 그 끈으로 이끼 공을 공중에 매달아.

신성한 무화과나무속 식물

전 세계에서 자라는 무화과나무속 식물은 800종이 넘는데, 대부분 아시아 열대 지방이 원산지야. 덤불을 이루며 자라거나 덩굴을 뻗는 종도 있지만, 집에서 기르는 종은 거의 다 보통 나무야.

떡갈잎고무나무는 기르기가 매우 까다로워! 밝은 빛을 좋아하지만 직사광선은 피해야 하고 공기는 약간 습해야 하지. 나무 이파리 모양이 고대 현악기인 리라를 닮았어.

인도고무나무는 잎이 넓고 키우기 쉬워. 잎은 보통 짙은 초록색인데 품종에 따라서 무늬가 있는 잎을 내기도 하지. 이 식물을 기를 때는 물을 너무 주지 않도록 조심하고 커다란 잎들을 가끔 닦아 주어야 해.

대만고무나무는 처음으로 분재를 기르려고 하는 사람이 선택하기에 좋은 식물이야.

무화과나무속 식물과 종교

무화과나무속 식물들은 전 세계 종교에 등장해.

부처는 인도보리수 아래에서 깨달음을 얻었어. 그래서 불교 사찰 꼭대기에 이 나무의 뾰족한 잎 모양으로 만든 조형물을 세워.

케냐 키쿠유족의 전통 종고에서는 신성한 무화과나무에 공물을 바치는 것이 신과 소통하는 방법이야.

인도보리수는 힌두교의 여러 신과 관계가 있어. 인도보리수의 뿌리는 창조의 신 브라흐마를, 잎은 파괴의 신 시바를, 줄기는 유지의 신 비슈누를 나타내지.

 **식물 키움터**

도전! 작아도 완벽한 분재

식물이 알아서 자라게 두면, 모양과 키가 제각각이야. 하지만 분재로 키울 때는 네가 어떻게 하느냐에 따라서 모양이 달라지지. 몇 년에 걸쳐서 조심스럽게 가지치기하고 모양을 다듬어 주면, 완벽한 작은 나무를 만들 수 있어.

> **나도 식물 박사**
> 사과나무, 참나무, 가문비나무는 씨앗을 심어서 분재로 키울 수 있어. 시간은 오래 걸리지만 처음부터 나무 모양을 원하는 대로 만들 수 있다는 게 장점이지.

준비물

- 키는 20~50cm, 나이는 1~6년 사이의 묘목
- 흙을 긁어낼 때 사용할 나무젓가락과 포크
- 분재를 키우기에 적합한 얕은 화분(묘목이 심긴 화분과 지름은 비슷하고 깊이는 3분의 1쯤이며 배수구가 있어야 해.)
- 두께 2.5mm, 4mm짜리 분재용 철사
- 철사를 자를 도구
- 화분을 장식하는 데 쓸 이끼, 돌, 조약돌, 자갈, 모래

만드는 방법

1. 묘목을 화분에서 뽑아 옆으로 뻗은 뿌리가 보일 때까지 흙을 떨어내. 맨 위쪽 뿌리는 나중에 흙 위로 드러나게 심을 거야. 나무젓가락과 포크를 이용해 뿌리 위쪽에 붙은 흙도 제거해.

2. 얕은 화분에 옮겨 심을 거니까 뿌리 아래쪽 흙을 떨어내고 뿌리도 다듬어 줘. 이때 뿌리의 3분의 2 이상을 잘라 내지 않도록 주의해.

3. 묘목을 새 화분에 옮겨 넣고, 먼저 화분의 흙을 새 화분에 부어 채워. 흙은 눌러 단단하게 다져. 이때, 맨 위쪽 뿌리는 흙 바깥으로 드러나야 해.

4. 가지에서 큰 잎들을 잘라 내 작은 잎들이 잘 자라도록 해. 옆으로 뻗은 가지도 잘라 내고 다듬어서 나무를 '완벽한' 모양으로 만들어.

5. 분재용 철사를 이용해 나무 모양을 잡아 줘. 철사를 가지에 감은 다음에 구부려서 모양과 위치를 바꾸면 돼. 얇은 가지에는 얇은 철사를, 두꺼운 가지에는 두꺼운 철사를 감아. 이때 철사는 모양을 잡아 줄 가지보다 최소 두 배 길게 잘라야 해. 가지가 붙어 있는 줄기 부분을 먼저 철사로 감은 다음에 가지 끝까지 감아. 이때 너무 단단히 감지 않도록 주의해. 그런 뒤 철사를 감은 가지를 조심스럽게 구부려서 원하는 모양으로 바꾸어. 6~10주가 지난 뒤 가지 모양이 잡히면 철사를 풀어 줘.

칼라테아속 식물과 마란타속 식물

칼라테아속 식물과 마란타속 식물은 서로 매우 비슷해. 둘 다 따뜻한 온도, 간접 광선, 촉촉한 흙을 좋아하지. 둘 다 잎 아래쪽이 자주색인데, 그 덕분에 그늘진 숲 바닥에서도 잘 자라. 이들을 '기도하는 식물'이라고도 부르는데, 밤이 되면 두 손을 모으는 것처럼 잎을 오므리기 때문이야. 낮 동안에 이 식물들의 잎은 햇빛을 따라다녀.

칼라테아 랑키폴리아

칼라테아속 식물들은 예민하기로 유명해. 깨끗하게 거른 물, 높은 습도가 필요하고, 그늘에서만 잘 자라는 데다가 먼지도 닦아 주어야 해. 흙도 항상 촉촉하게 유지해야 해. 흙이 마르면 잎이 떨어져 버려.

마란타속 식물은 칼라테아속 식물보다 좀 덜 까다로워. 그러니까 마란타속 식물 먼저 길러 보는 게 좋아!

칼라테아 오르나타

칼라테아라는 이름은 바구니를 뜻하는 그리스어 '칼라토스'에서 온 거야. 이 식물들은 잎이 질기고 섬유가 풍부해 옛날부터 바구니를 짜는 데 이용되었거든.

기르기 쉬운 필레아속 식물

쐐기풀과 같은 과인 필레아속 식물은 아담하고 집에서 기르기 쉬워. 어떤 종은 꼿꼿이 서서 자라고, 어떤 종은 덩굴을 뻗으며 자라지. 직사광선이 닿지 않는 반양지와 반그늘을 좋아해. 봄부터 가을까지는 흙을 촉촉하게 유지하고 겨울에는 건조하게 해 줘.

필레아페페는 조지 포레스트가 1906년에 중국에서 처음으로 수집했어. 나중에 노르웨이 선교사 앙나르 에스페그렌이 다시 발견해서 자기가 살던 인도로 가져갔지.

수박필레아

필레아페페는 뿌리 근처에 작은 새끼가 생겨(어미와 유전자가 같은 클론이지.). 앙나르는 이 클론들을 널리 그리고 멀리 퍼뜨렸어. 나중에는 스웨덴, 영국, 미국을 비롯한 먼 나라까지 다다랐지. 그 식물들도 모두 앙나르가 기르던 필레아페페의 클론이었어.

종류가 다양한 페페로미아속 식물

이 속에는 1,500종에 가까운 식물이 있어. 이렇게 종류가 다양하니까 그중에서 기르기 쉬운 식물을 고르기도 편하지. 아메리카, 아프리카, 아시아 일부 지역이 원산지인 이 식물은 잎이 다육 식물과 비슷하고 후추나무와는 사촌쯤 되는 친척이야. 반그늘에서 흙을 약간 촉촉하게 유지해 주면 좋아해.

거북이페페

수박페페로미아는 잎에 수박처럼 줄무늬가 있어서 이런 이름이 붙었어.

물방울페페와 필레아페페는 서로 닮았어. 둘 다 잎이 매끈하고 두툼하지. 하지만 잎 모양은 좀 달라. 물방울페페 잎은 눈물방울 모양이고 필레아페페 잎은 둥글어.

붙어서 사는 착생 식물

뿌리를 흙 속으로 뻗지 않고 나무나 바위에 붙이고 사는 식물을 착생 식물이라고 해. 한자어 '착생(着生)'이 '붙어서 산다'라는 뜻이지. 착생 식물은 전 세계에 분포하지만, 특히 열대 지방 숲에 가장 많아. 그런 곳은 공간을 차지하기 위한 경쟁이 매우 심하기 때문이야.

식물들은 대부분 흙 속으로 뻗은 뿌리로 물과 영양분을 빨아들여. 하지만 많은 착생 식물은 공기에 노출된 뿌리인 **기근**(공기뿌리)으로 공기에서 수분을 흡수하고, 나뭇가지에 닿은 이파리로 영양분을 흡수해.

우아한 난초과 식물

전 세계에 퍼져 사는 난초는 약 28,000종이나 되지만, 집에서 기르기에 적합한 종은 많지 않아. 난초는 자갈을 담은 얕은 화분에서 잘 자라고 뿌리가 화분을 꽉 채운 상태를 좋아해. 잎뿐 아니라 뿌리도 광합성을 하니까 투명한 화분이 난초에 가장 잘 맞아. 따뜻하고 통풍이 잘되는 곳을 특히 좋아하지. 밝은 곳에 두어야 하지만 직사광선은 피해야 해.

반다

파피오페딜룸 인시그네는 중국 중남부 지역이 원산지인데, 잎이 두껍고 노란색, 흰색, 분홍색, 초록색 등 다양한 색깔로 자라.

로시오글로숨 그란데는 중앙아메리카 일부 지역이 원산지야. 이 난초의 꽃에 호랑이 줄무늬가 있어서 '호랑이 난초'라는 별명으로도 부르지. 학명의 뜻은 '큰 입처럼 생긴 꽃'이야.

루디시아 디콜로르

마코데스 페톨라

반짝이는 호야속 식물

호야는 잎이 반짝거리는 다육질 식물이야. 오스트레일리아와 아시아 열대 지방이 원산지인 호야는 방을 정글로 바꾸기에 딱 알맞은 식물이야. 호야를 행복하게 해 주려면 빛이 밝고 습도가 높은 곳에 두는 게 좋아. 벽이나 천장을 식물로 뒤덮고 싶다면, 철사나 끈을 설치해서 이 식물들이 타고 자라도록 하면 되지. 호야는 한번 자리를 잡으면 옮기는 걸 싫어해. 운이 좋고, 잘 보살피면 **향기**가 나는 별 모양 꽃을 볼 수 있어.

호야 벨라 꽃에서는 딸기 케이크 같은 향이 나.

호야 라쿠노사 꽃에서는 시나몬 향이 나.

리본 호야 꽃에서는 초콜릿 향이 나.

수염틸란드시아를 '스페인 이끼'라고도 부르는데, 그건 틀린 거야. 이 식물은 이끼도 아니고 남아메리카와 미국 남부가 원산지니까. 회색빛을 띤 초록색 스파게티 면처럼 생겼고 나뭇가지에 매달려서 살아.

틸란드시아 스트렙토필라의 별명은 '셜리 템플'이야. 곱슬머리로 유명했던 미국 아역 배우의 이름이지.

틸란드시아 이오난타

대롱대롱, 공중 식물

공중 식물은 사는 데 필요한 물질을 대부분 주변 공기에서 흡수해. 일주일에 한 번 빗물에 담갔다가 거꾸로 매달아서 물기를 빼 주고, 또 며칠에 한 번 물과 비료를 섞어서 안개처럼 뿌려 주어야 하지. 추위와 센 바람을 싫어하지만, 주위로 공기가 흘러야 해. 흙에 심을 필요는 없고 선반에 얹거나 돌 틈에 놓아두면 잘 자라. 밝은 곳을 좋아하지만, 직사광선은 피해야 해.

잎이 질긴 파인애플과 식물

파인애플과 식물은 가죽 같은 잎들이 장미꽃 모양으로 나. 또 색깔과 모양이 눈에 확 띄는 포엽에서 꽃이 피지. 원산지인 남아메리카에서는 이 식물의 잎들 한가운데에 고인 물웅덩이가 **미소 서식지** 역할을 해. 거기서 애벌레가 알에서 깨고 올챙이가 헤엄을 치지. 나무 위 연못이라고 할까!

'여왕의 눈물'이라는 별명을 지닌 빌베르기아 누탄스의 학명은 스웨덴 식물학자 구스타프 요한 빌베리의 이름에서 왔어. 이 식물은 환한 곳을 좋아하고 물을 너무 많이 주는 걸 싫어해. 분홍빛 포엽이 생기고 거기에서 파란색, 초록색, 노란색 꽃이 우아하게 늘어지며 피지.

루테리아 스플렌덴스는 트리니다드섬과 베네수엘라가 원산지인데, 잎에는 줄무늬가 있고 붉은 오렌지색 포엽에 곤두서는 게 특징이야.

미니파인애플

 # 주렁주렁, 착생 식물 나무

집에서 기르는 식물 중에는 착생 식물이 꽤 많아. 그런 식물은 자연 서식지에서는 다른 식물(보통은 나무)에 붙어서 자라. 공중 식물과 파인애플과 식물로 너만의 '나무'를 만들어 봐. 집에 아주 작은 진짜 정글이 생길 거야.

준비물

- ☐ Y자 모양에 길이는 1~1.5m쯤 되는 튼튼한 나뭇가지
- ☐ 부피가 7~15리터 되는 화분 또는 큰 그릇
- ☐ 돌 여러 개
- ☐ 빨리 굳는 콘크리트 재료(인터넷에서 '초속경 시멘트'라고 검색해서 나오는 제품 중에서 골라.)
- ☐ 파인애플과 식물 3~5개, 공중 식물 2~4개
- ☐ 파인애플과 식물 하나당 물이끼 한 주먹씩
- ☐ 초록색 노끈 또는 원예용 철사
- ☐ 자갈 또는 흙

만드는 방법

1. 나뭇가지를 화분(또는 그릇) 안에 세워. 나뭇가지를 꼭 똑바로 세울 필요는 없어. 약간 기울이는 것이 자연스럽다면 그렇게 세워. 어른한테 나뭇가지를 붙잡아 달라고 하고, 돌을 화분에 반쯤 채워서 단단히 고정해.

안전제일! 콘크리트 작업을 할 때는 보안경과 마스크를 쓰고 장갑을 껴.

2. 어른의 도움을 받아서 액체 상태의 콘크리트를 화분에 부어 바닥까지 흘러내리게 해. 콘크리트가 화분 위쪽 가장자리에서 5cm 아래 지점까지 차오르면 멈춰. 어른에게 콘크리트가 굳을 때까지 나뭇가지가 흔들리지 않게 고정하거나 붙들어 달라고 부탁해(빨리 굳는 재료를 사용했을 경우, 30분이면 굳어.).

3. 파인애플과 식물을 화분에서 꺼내 뿌리와 흙을 이끼로 감싸. 이끼 둘레를 노끈이나 철사로 묶은 다음, 노끈과 철사를 이용해 나무에 붙여. 공중 식물은 아랫부분에 접착제를 발라서 나무에 붙이거나 가지에 걸어.

4. 마지막으로 자갈이나 흙을 뿌려서 노출된 콘크리트를 덮어. 그 위에 물이끼를 심어서 숲 바닥 같은 분위기를 연출해.

빛을 따라 자라는 베고니아속 식물

베고니아라는 이름은 프랑스 장교이자 식물 수집가였던 미셸 베곤의 이름에서 왔어. 베고니아속에는 약 2,000종에 이르는 다양한 식물이 있는데, 전 세계에 퍼져 살아. 아프리카, 아시아, 중앙아메리카와 남아메리카의 열대 지방에서 볼 수 있지. 많은 종이 잎 아래쪽이 불그스름한데, 그 덕분에 숲 그늘에서도 많은 빛을 흡수해. 이 식물은 높은 습기와 촉촉한 흙, 부분적으로 그늘진 곳을 좋아해. 잎이 빛이 오는 쪽을 향하기 때문에 자주 방향을 바꿔 주어야 한쪽으로만 자라지 않아.

베고니아 타마이아

뿔베고니아의 성숙한 잎은 어두운 초록색이고 윗면에 작은 검은 돌기가 있어. 이 식물의 학명은 '사납다'라는 뜻이지만 사실 이 돌기를 만져 보면 매우 부드러워.

엔젤윙베고니아의 잎은 흰 점이 난 초록색이고 꽃은 5월부터 11월까지 무리 지어 펴.

달팽이렉스베고니아의 잎은 짙은 초록색에 옅은 색깔 소용돌이무늬가 있는 나선형이야. 꼭 달팽이 껍데기 같아.

번식이 쉬운 자주달개비속 식물

이 속의 이름은 17세기 식물 채집가이자 영국 왕 찰스 1세의 정원사였던 존 트러데스칸트의 이름에서 딴 거야. 이 식물은 캐나다부터 아르헨티나까지 이르는 지역에서 살아. 줄기를 잘라서 물이나 흙 속에 꽂아두면 뿌리를 잘 내니까 금방 수를 늘릴 수 있지. 자세한 번식 방법은 114~117쪽에 나와.

멕시코가 원산지인 얼룩자주달개비는 키우기 쉬운데, 잎에 줄무늬가 있어(안 봐도 알겠지?). 덩굴 식물이고 따뜻하고 밝은 곳에서 잘 자라. 물은 겉흙이 바싹 마르면 줘.

미니달개비는 얼룩자주달개비처럼 키우면 되는데, 잎은 초록 줄무늬, 분홍색, 또는 크림색이야. 봄에 작고 흰 꽃들이 펴.

온갖 곳에 사는 양치식물

양치식물은 약 4억 년 전에 지구에서 진화했어. 1억 5,000만 년 전에야 꽃을 피우는 식물과 꽃가루받이를 해 주는 곤충이 나타났으니 정말 오래전이지. 오래전에 등장한 만큼 온갖 곳에 살도록 적응했어. 흙, 바위, 물속은 물론이고 심지어 다른 식물에 붙어서 살기도 해. 숲 바닥에서 번성하니까, 흙을 촉촉하게 해 주면 집의 그늘진 곳에서도 잘 지낼 거야.

다른 식물과 달리, 양치식물은 꽃과 씨앗이 아니라 포자로 번식해. 양치식물의 잎을 '엽상체'라고 부르지.

보스턴고사리는 전 세계 열대 지방에 서식해. 키는 90㎝까지 자라고, 따뜻하고 습도가 높으며 직사광선이 닿지 않는 밝은 곳을 좋아하지. 바구니에 넣어 공중에 매달거나 욕실 선반에 놓아도 잘 자라.

아스플레니움 니두스는 착생 식물로 배드민턴공처럼 생긴 커다란 로제트 위로 반질반질한 창 모양 엽상체(가장자리는 물결 모양)가 자라.

박쥐란 슈페르붐과 박쥐란은 아주 가까운 친척이야. 둘 다 오스트레일리아와 서남아시아 열대 지방이 원산지이고, 엽상체가 뻣뻣하고 사슴뿔 모양이야! 화분에 길러도 좋지만, 물이끼와 철사로 두툼한 나무껍질이나 나무토막에 붙여서 기르면 멋있지. 자연에서는 나무에 붙어 자라는데, 위에서 떨어지는 나뭇잎을 마치 '바구니'처럼 붙잡아서 나뭇잎이 썩으면서 나오는 영양분을 흡수해. 따뜻하고 밝은 곳에 두고, 흙은 촉촉하게, 습도는 중간이나 높은 상태로 유지해 줘.

박쥐란 슈페르붐

박쥐란

핑크아디안텀은 열대 지방에 서식하는 공작고사리로 복숭아처럼 예쁜 분홍빛 새잎을 내지.

식물 키움터

상상 가득! 병 속 원시 정원

원시 시대 풍경이 어땠을지 궁금하지 않니? 아주 오랫동안 키가 큰 나무나 아름다운 꽃은 없었어. 그 대신에 고사리와 이끼가 땅을 덮고 있었지. 원시 식물 중에서 꽤 많은 종이 지금까지 살아남았어. 그 식물들로 멋진 병 속 정원을 만들어 보자.

준비물

- 두꺼운 종이로 만든 깔때기
- 투명한 단지나 입구가 넓은 병을 깨끗하고 큰 것으로 준비해.
- 자갈 또는 구멍이 숭숭 뚫린 부석
- 활성탄(무언가 썩을 때 나는 나쁜 냄새를 없애 줘.)
- 다용도 배양토
- 나무젓가락이나 가늘고 긴 막대. 한쪽에는 작은 숟가락이나 포크(식물을 넣을 때 쓸 도구), 반대쪽에는 코르크 마개(배양토를 다질 때 쓸 도구)를 붙들어 매.
- 다음과 같은 원시 식물들. 작은 양치식물(셀라기넬라 크라우시아나, 더피고사리, 아디안텀), 이끼, 접란, 테이블야자, 잎이 화려한 식물(하이포에스테스, 피토니아, 스킨답서스)
- 작은 붓(식물을 심은 뒤 배양토를 떨어낼 때 사용해.)
- 돌멩이 몇 개 또는 원시 시대를 떠올리게 하는 장식. 예를 들어 장난감 공룡.

만드는 방법

1. 깔때기를 이용해 병 바닥에 자갈을 3cm쯤 깔아.

2. 자갈 위에 활성탄을 얇게 깔고, 그 위에 배양토를 8cm쯤 깔아(식물 뿌리가 다 들어갈 만큼 깊어야 해.).

3. 배양토가 촉촉해지도록 물을 뿌려. 너무 많이 뿌려 질척해지지 않도록 조심!

4. 화분에서 빼기 전에 식물에 먼저 물을 줘. 그런 다음 식물을 빼서 병 속 배양토에 심어. 입구가 좁아 손가락이 들어가지 않으면, 작은 숟가락을 단 막대기를 이용해.

5. 코르크 마개를 단 막대기로 배양토를 다지고, 붓으로 잎에서 배양토를 떨어내. 돌멩이를 배양토 위에 놓아 장식한 뒤에 뚜껑을 닫아.

천천히 자라는 야자과 식물

야자나무는 열대 지방 섬이나 바닷가 모래밭에서 잘 자라지만 집에서 기르기도 좋아. 아주 인기가 좋으니까 어디서든 쉽게 살 수 있을 거야. 야자나무는 천천히 자라고 종류에 상관없이 자라는 환경이 비슷해 기르기 쉬워.

중국 남동부와 하이난섬, 베트남이 원산지인 관음죽은 손가락이 너무 많은 손처럼 생겼어! 과학자들은 이 식물이 망간 광산 근처의 오염된 토양을 정화한다는 걸 발견했어(망간은 금속, 유리, 휘발유, 배터리를 만들 때 써.). 이런 현상을 **생물 환경 정화**라고 하지.

줄기는 회초리 같고 거기에서 길고 섬세한 잎이 나와 아래로 처지는 테이블야자는 멕시코 남부와 과테말라의 숲이 원산지야. 이 식물은 집에서도 키가 1m 가까이 자라지만, 어릴 때는 병에 넣어 기를 수도 있어. 다른 식물이 견디지 못하는 환경에서도 잘 자라.

야자나무를 닮은 식물들

바나나야자는 이름과 달리 진짜 야자나무가 아니야. 바나나가 속한 파초과 식물이지. 무늬가 있는 잎이 달리는 삼척바나나는 집 안에서 키우기에 알맞아.

바나나는 줄기 아래쪽에서 솟는 새싹으로 번식시키는데 이 새싹을 새끼라고도 해. 새끼가 30㎝쯤 자랄 때까지 기다렸다가 분리해서 심어야 해.

극락조화는 바나나처럼 긴 줄기에서 커다란 노처럼 생긴 잎이 나. 꽃이 극락조가 나는 모습과 비슷해서 이런 이름이 붙었어.

코코넛야자

향이 강한 귤속 식물

향이 강하고 비타민이 잔뜩 들어 있는 귤속 식물의 열매는 건강에 좋을 뿐만 아니라, 맛도 정말 좋아! 생활하면서 어디를 가든지 이 식물들을 만날 수 있어. 과일 바구니에 담겨 있는 건 당연하고, 음료, 샴푸, 세제에도 들어 있지. 귤속 식물은 사랑스럽고 손은 많이 가지 않는 데다가 오래 사니까 집에서 기르기에 딱 좋아.

귤속 식물 돌보기

씨앗을 심어서 기른 것이든(111쪽을 봐.) 아니든, 귤속 식물은 따뜻한 온도, 적당한 습도, 촉촉한 흙에서 잘 자라. 정기적으로 비료도 주면 좋지. 겨울에 물을 너무 많이 주면 이 식물은 살아남지 못하니까 건조한 곳에 두어야 해. 귤속 식물은 다른 식물처럼 가느다란 **뿌리털**이 잘 발달하지 않으니까 이런 식으로 주의해서 관리해야 해. 귤속 식물에 필요한 영양소가 몽땅 들어 있는 배양토도 따로 있어.

당귤나무

귤속 식물의 가계도

사람들이 많이 먹는 오렌지, 레몬, 자몽, 라임, 귤, 만다린, 유자는 지난 수천 년 사이에 아시아 열대 지방이 원산지인 다섯 종의 **이종 교배**로 생겼어. 자연적으로 이루어지기도 하고 사람들이 새로운 열매를 얻기 위해 교배하기도 했지.

 **식물 키움터**

씨앗으로 기르는 귤속 식물

귤속 식물은 대부분 씨를 심어서 기를 수 있어. 씨앗에서 싹이 트면 곧 반짝거리고 기분 좋은 향이 풍기는 잎이 나지. 언젠가 열매가 달릴지도 몰라! 열매가 달리든 안 달리든 몇 년 동안 잘 자랄 거야. 과일을 먹을 때 그냥 버릴 씨로 멋진 나무를 기르는 거니까 한번 도전해 봐.

준비물
- 깨끗한 큰 유리병
- 씨앗 발아용 배양토
- 오렌지, 레몬, 자몽, 라임 씨 몇 개
- 비닐 랩
- 작은 화분 몇 개
- 귤속 식물용 배양토

안전제일! 귤속 식물은 날카로운 가시가 있으니 조심해!

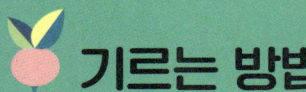 기르는 방법

1. 병의 4분의 3까지 씨앗 발아용 배양토를 채우고 물을 준다.

2. 씨를 배양토 위에 올려놓는다. 이때 배양토로 씨를 덮지 않는다. 씨는 최대 15개까지 함께 놓을 수 있다.

3. 병 입구를 비닐 랩으로 막고 따뜻한 곳에 둔다. 2주쯤 지나면 씨에서 싹이 튼다.

4. 싹이 자라서 손으로 잡을 정도가 되면, 굴속 식물용 배양토를 채운 화분에 옮겨 심는다. 습기가 좀 있어야 잘 자라므로 화분을 따뜻한 곳에 두고 일주일에 한 번 분무기로 물을 뿌려 준다.

곤충을 잡아먹는 식충 식물

강가와 습지와 늪에 사는 식물은 땅에서 필요한 영양분을 얻기 힘들어. 영양분이 물에 씻겨 내려가기 때문이지! 이런 환경에 사는 식물 중 일부가 곤충을 유혹해서 잡아먹는 쪽으로 진화했어. 이런 식물을 식충 식물 또는 벌레잡이 식물이라고 불러. 몸의 한 부분을 움직여 곤충을 잡는 능동형 덫을 지닌 식충 식물과 움직이는 부분이 없는 수동형 덫을 지닌 식충 식물이 있어. 이 식물들 모두 밝은 빛과 빗물(수돗물은 아니야!)을 좋아하고 물이끼, 나무껍질, **펄라이트**를 섞은 코코넛 껍질 섬유에서 키울 수 있어.

벌레잡이제비꽃은 추운 기후에서 자라는 식충 식물이야. 스코틀랜드 일부 지역에 사는 사람들은 벌레잡이제비꽃을 꺾으면 마녀한테서 보호받을 수 있다고 믿었어! 이 식물의 매끄러운 잎에는 끈적끈적한 물질이 묻어 있어. 작은 곤충이 그게 물인 줄 알고 마시려고 내려앉았다가 잎에 달라붙으면 식물이 곤충을 소화하지. 식물에 해를 끼치는 버섯파리 같은 해충을 잡아 주니까 집에서 기르면 쓸모가 있어.

벌레잡이제비꽃은 수동형 덫이 있어.

파리지옥은 책을 펼친 것처럼 잎을 벌리고 있어. 거기에는 곤충이 좋아하는 즙이 묻어 있고 감각모가 나 있지. 파리나 다른 곤충이 잎에 앉는 걸 감각모가 느끼는 순간 잎이 순식간에 닫히지. 그러면 운 나쁜 곤충은 잎 안쪽에 갇혀. 파리지옥은 닫힌 잎 안으로 소화액을 분비하고, 소화액이 분해한 곤충의 영양분을 흡수해.

파리지옥의 덫은 능동형이야.

주머니 달린 벌레잡이통풀과 식물

포충낭 또는 벌레잡이주머니라고 부르는 특수하게 변형된 잎을 지닌 식충식물이야. 포충낭은 주전자나 사발이나 나팔처럼 생겼는데, 소화액이 채워져 있어. 거기에 빠져 죽은 곤충을 식물이 소화하지.

북아메리카에 사는 사라세니아속 식물의 포충낭은 빈 아이스크림콘처럼 생겼는데, 위쪽에 우산이 있어서 빗물이 들어가지 못하게 막아. 포충낭은 주위에 곤충을 유인하는 즙이 묻어 있고 안쪽은 미끄러워. 파리, 나방, 말벌, 딱정벌레 등이 간식을 먹으러 내려앉았다가 미끄러져서 소화액 연못으로 퐁당 빠지고 말지.

동남아시아 정글에는 '원숭이 컵'이라는 별명이 붙은 식물이 살아. 이 식물은 줄기에 달린 기다란 컵처럼 생긴 포충낭으로 곤충을 잡는데, 아주 큰 종은 새끼 쥐나 원숭이까지 잡는대! 식물학자들이 소형 설치류인 뒤쥐가 포충낭 뚜껑에서 즙을 빨아 먹고는 그 안에다가 똥을 싸는 걸 관찰한 적이 있어.

물방울로 덮인 끈끈이귀개속 식물

끈끈이귀개속 식물은 작은 물방울로 덮인 것처럼 보여. 파리가 그게 물인 줄 알고 마시려고 내려앉는데, 사실 그 방울은 끈적끈적한 액체야! 거기에 쩍 달라붙은 파리는 빠져나가지 못하고 천천히 굶어 죽어. 그러면 이 식물이 죽은 파리를 감싸 파리 샌드위치처럼 만들어서 남김없이 흡수하지.

좀끈끈이주걱

케이프끈끈이주걱 '알바'

케이프끈끈이주걱

끈끈이주걱

 식물 키움터

식충 식물이 사는 늪

식충 식물을 따로따로 화분에 길러도 좋지만, 큰 그릇에 모아 심어서 늪처럼 꾸며도 환상적이야!

준비물

- 너비 35cm, 깊이 20cm쯤 되는 나무 상자 또는 큰 화분
- 두꺼운 비닐(방수가 안 되는 나무 상자나 화분을 쓸 때만 필요해.)
- 식충 식물용 배양토(꽃가게에서 사도 되고, 코코넛 껍질 섬유 4, 펄라이트 2, 다용도 모래 1의 비율로 섞어서 써도 돼.)
- 파리지옥, 끈끈이주걱, 벌레잡이제비꽃, 사라세니아, 벌레잡이통풀 같은 식충 식물 몇 종류
- 물 줄 때 사용할 빗물 또는 증류수
- 흙 위에 올릴 검은색 조약돌, 조각돌, 이끼 조금

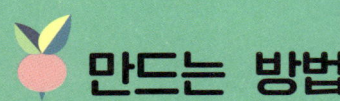
만드는 방법

1. 방수가 안 되는 나무 상자를 쓸 때는 비닐을 상자 가장자리에서 2~3cm 아래 지점까지 깔아.

2. 식충 식물용 배양토를 부어 상자나 화분의 절반까지 채워.

3. 식충 식물을 화분에 둔 채로 배양토 위에 여러 가지로 배열해 봐. 모양, 색깔, 키 따위를 살펴서 자리를 잡으면 돼. 식물은 위와 옆으로 자라므로 식물과 식물 사이에는 충분한 공간을 비워 두어야 해.

4. 식충 식물을 화분에서 꺼내 배양토 위에 놓고, 식물 주변으로 배양토를 더 부어서 식물이 원래 심겨 있던 배양토 표면 높이까지 채워.

5. 배양토를 다진 다음에 빗물이나 증류수를 뿌려 줘.

6. 조약돌, 조각돌, 이끼로 배양토 위를 덮어.

물에서 사는 수생 식물

수생 식물은 물이 풍부한 환경에 적응하여 사는 식물이야. 수생 식물에는 물속 자갈이나 흙에 뿌리를 내리고 잎까지 물에 잠긴 채 사는 침수 식물, 뿌리는 물속 바닥에 내리고 잎은 수면에 떠서 사는 부엽 식물, 뿌리를 내리지 않고 물에 자유롭게 떠다니며 사는 부유 식물, 이렇게 세 종류가 있어.

마리모

마리모라는 이름은 일본 식물학자 가와카미 다키야가 붙인 거야. 작은 초록색 공처럼 생긴 이 식물은 조류야. 유럽과 아시아 일부 지역이 원산지인데, 물이 오염되고 너무 많이 채취하는 바람에 자연에서는 멸종 위기에 놓였지. 아주 유명한 식물이라서 일본과 아이슬란드의 우표에도 등장했단다!

마리모는 빗물이나 필터로 깨끗하게 거른 물에서 잘 자라. 직사광선이 닿으면 타 버리니까 조심해야 해. 병처럼 밀폐된 용기 안에서 기른다면 가끔 뚜껑을 열어서 공기가 자연스럽게 드나들게 해 줘. 마리모를 자연에서 채취하면 절대로 안 돼. 그러니까 이 식물을 기르는 사람한테서 얻거나 사서 키워.

연꽃속 식물

연꽃속 식물은 물을 담은 작은 그릇에서 잘 자라. 그릇의 깊이는 15㎝, 너비는 30㎝쯤 되어야 식물의 뿌리줄기가 물에 잠기고 꽃과 잎은 수면에 뜰 수 있어.

헬볼라수련

이 수련의 학명(님파이아 '피그마이아 헬볼라')에서 님파이아는 그리스 신화에 나오는 요정을 가리키는 이름 '님프'에서 딴 거야. 이 식물은 실내에서 기르기 어려워. 하루에 네 시간에서 여덟 시간까지 양지에서 직사광선을 쬐어야 하거든. 헬볼라수련을 키우려면 물이 적어도 70리터가 들어가는 화분이나 어항이 필요하고, 물속에 잠긴 뿌리 주위로 물을 순환시켜 주어야 해. 헬볼라수련은 가을과 겨울에는 휴면하고, 봄고ㅡ 여름에 성장해. 기르는 데 성공하면, 노란색, 분홍색, 흰색, 보라색으로 피는 꽃을 보게 될 거야.

# 둥실둥실, 수중 정원

창턱, 책상, 식탁 위에 올려놓을 나만의 수중 정원을 만들어 보자!

준비물

- ☐ 물이 최소한 0.5리터는 들어가는 튼튼하고 투명한 용기. 큰 유리병, 유리 사발, 어항 등 어느 것이라도 좋아.
- ☐ 빗물 또는 증류수(수돗물밖에 구할 수 없다면 그것도 괜찮아.)
- ☐ 작은 돌, 조약돌 또는 자갈
- ☐ 수생 식물 몇 종류. 마리모, 붕어마름처럼 물에 잠겨서 산소를 공급하는 식물, 개구리밥이나 물배추 같은 부유 식물
- ☐ 끈이나 철사
- ☐ 우렁이 또는 다슬기, 물벼룩(선택 사항)

꼭 기억해! 네가 사는 지역이 원산지가 아닌 식물을 연못, 개울, 호수, 강에 넣지 마. 그런 식물은 생태계에 피해를 줄 수 있어. 게다가, 법을 어기는 일이기도 해!

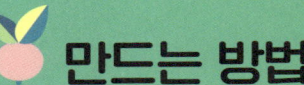
만드는 방법

1. 물을 용기 거의 꼭대기까지 채워.

2. 작은 돌, 조약돌, 자갈을 2~3cm 두께로 바닥에 깔아.

3. 이제 식물을 넣을 차례. 먼저 마리모를 수중 정원 바닥에 배치해.

4. 다음으로 산소를 공급하는 식물을 넣어. 뿌리 근처에서 가지를 몇 개 잘라서 끈이나 철사로 연결한 다음 돌에 묶어서 가라앉히거나 자갈 속에 파묻어.

5. 부유 식물을 수면에 놓아. 부유 식물은 점차 나뉘어 수면을 덮고 뿌리는 물속으로 뻗으며 자랄 거야.

6. 우렁이, 다슬기, 물벼룩을 수중 정원에 넣어 수중 **생태계**를 만들어. 우렁이와 다슬기는 유리에 붙어 자라는 조류를 먹어서 청소해.

* 3부 *
식물 돌보기

집에서 기르는 식물을 건강하게 돌보려면, 병과 해충 때문에 괴로운지 상처를 입지 않았는지 잘 살펴야 해. 이제부터 문제가 생긴 식물을 돌보는 방법을 알려 줄게. 네가 고른 식물에 잘 맞는 화분에 대한 정보와 식물을 번식시켜 수를 늘리는 방법도 배우게 될 거야.

환영해, 우리 집이야

집에서 식물을 한번 길러 보고 싶다고? 사러 가기 전에 생각해 봐야 할 게 있어. 잎이 커다랗고 특이하게 생긴 식물을 기르고 싶어? 색깔이 화려하고 향기가 진한 꽃이 피는 식물을 기를 거니? 위로 자라는 식물, 아니면 옆으로 가지를 뻗는 식물? 큰 거, 아니면 작은 거? 기르기 쉬운 게 좋아, 아니면 좀 어려워도 괜찮아? 그늘에서 잘 지내는 식물, 아니면 양지를 좋아하는 식물? 어떤 것이든 먼저 그 식물과 너의 집 환경이 잘 맞는지 확인해야 해. 안 그러면 돈과 시간을 낭비할 수도 있으니까.

어떤 걸 고를까?

튼튼하고 건강하게 성장하고 있는 식물을 골라. 아직 열리지 않은 잎이나 꽃봉오리가 보인다면 그 식물이 성장 중이라는 뜻이야. 축 처진 가지나 가장자리가 누렇게 마른 잎은 그 식물을 잘 돌보지 않았다는 표시니까 조심해. 뿌리가 흙 위로 나오거나 흙이 바싹 마른 것도 피해야 해(다육 식물이라면 흙이 마른 것도 괜찮아.).

자리 잡기

집에 새로 온 반려동물과 마찬가지로 식물도 새로운 환경에 적응하는 데 시간이 필요해. 이 기간에는 식물이 잎을 떨구거나 아플 수도 있어. 적응이 끝나면, 다시 '쌩쌩해져서' 자랄 거야. 새로 난 잎이 크기가 달라도 놀라지 마. 식물도 생명체라서 너나 강아지처럼 주변 세계를 느낄 수 있다는 걸 꼭 기억해.

반려동물이 있다면 조심해!

집에 고양이나 강아지가 함께 살고 있다면, 많은 식물의 독성이 동물에게 해로울 수 있다는 걸 명심해야 해. 식물을 집에 들이기 전에 그 식물이 동물에게 해를 끼치는지 조사해 봐. 반려동물이 아직 어려서 무엇이든 씹기 좋아한다면 더 조심해야 해.

너의 식물을 행복하게 해 주려면

네가 아끼는 초록색 보물이 오래오래 건강하게 살기를 바란다면 정기적으로 할 일이 있어. 자기 식물을 아끼는 사람들은 다음과 같은 몇 가지 규칙을 지켜.

가지치기와 잎 닦기

식물이 너무 빨리 너무 크게 자라지만 않는다면, 정기적으로 '이발'을 해 줄 필요는 없어. 죽은 잎이나 꽃 정도만 잘라 주면 돼. 잎에 묻은 먼지는 가끔 닦아 주어야 해. 잎에 먼지가 묻으면 잎이 흡수하는 빛의 양이 줄어들거든. 반짝반짝 윤이 나는 잎은 물에 적신 천이나 스펀지로 닦아. 렉스베고니아처럼 털이 난 잎은 분무기로 물을 뿌려 주면 돼. 선인장과 다육 식물의 잎은 붓을 사용해 먼지를 떨어내면 편해.

물 주기

집에서 기르던 식물이 갑자기 죽는 가장 큰 원인은 물을 너무 많이 주어서야. 많은 사람이 화분 흙을 항상 젖은 상태로 유지해야 한다고 생각하지만, 사실은 그렇지 않아. 수분이 너무 많으면 뿌리가 썩을 수 있고, 물을 줘도 잘 빠지지 않아. 물을 줘야 하는지 아닌지 알아보는 가장 쉬운 방법은 손가락을 한 마디쯤 흙 속으로 찔러 보는 거야. 흙이 마른 느낌이 나고 손가락을 뺐을 때 묻어나지 않으면 물을 줄 때가 된 거지. 식물 대부분은 흙 표면에 바로 물을 주면 되는데, 이때 화분 받침에 고인 물은 버려야 해. 하지만 바이올렛처럼 잎에 털이 난 식물이나 튤립처럼 알뿌리가 있는 식물들은 화분 받침에 고인 물을 흡수하는 걸 더 좋아해.

비료 주기

식물은 광합성으로 스스로 영양분을 만들어. 그와 동시에 뿌리로 흙에서 필요한 영양소를 흡수하지. 해마다 분갈이할 때 쓰는 새 배양토에는 식물에 필요한 영양소가 들어 있어. 하지만 모든 배양토가 그런 건 아니야. 그래서 배양토 포장지를 꼼꼼히 확인하는 게 중요해!
식물이 무럭무럭 성장하는 계절(보통 봄과 여름)에는 물을 두 번 줄 때마다 한 차례씩 유기농 액체 비료를 주어서 기운을 북돋아 주면 좋아.

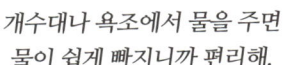

개수대나 욕조에서 물을 주면
물이 쉽게 빠지니까 편리해.

성가신 해충들

식물을 기르다 보면 곤충과 진드기 같은 초대하지 않은 손님이 때때로 찾아올 거야! 처음에는 한두 마리만 보이다가, 순식간에 엄청난 숫자로 늘어나지. 지금부터 성가신 해충들을 처리할 방법을 몇 가지 알려 줄게. 보통은 해충이 발생한 식물을 옮겨서 다른 식물들로부터 격리하는 게 중요해. 해충들이 기어서 다른 식물로 옮겨가지 않도록 말이야.

진딧물(아충, 진디라고도 부름)
피해 식물의 수액을 빨아 먹어서 잎이 끈적거리고 거무튀튀한 곰팡이가 생겨.
해결 방법 우글거리는 진딧물을 수돗물이나 청소용 천으로 닦아 내.

깍지벌레
피해 깍지벌레는 아주 작고 몸이 말랑말랑한 곤충이야. 그중에서 가루깍지벌레는 몸이 희고 털북숭이야. 진딧물처럼 수액을 빨아 먹어서 식물이 약해지고 결국에는 죽게 만들어.
해결 방법 화장 솜이나 붓에 알코올을 묻혀서 피해가 생긴 부분을 톡톡 두드려 줘.

이로운 곤충
무당벌레는 아주아주 부지런한 벌레 사냥꾼이야. 진딧물이나 몸이 말랑말랑한 해충을 효과적으로 제거해 주지.

응애

피해 좁쌀보다 작은 이 생물은 잎을 누렇게 만들고, 거미줄 같은 집을 지어서 식물을 아프게 해.

해결 방법 분무기로 물을 뿌려서 피해가 생긴 부분을 축축하게 유지해.

총채벌레와 가루이

피해 총채벌레는 작은 곤충으로 잎에서 수액을 빨아 먹어. 그러면 표백을 한 것처럼 잎에 은빛 자국이 남아. 가루이는 작고 흰 나방처럼 생겼어. 잎 아랫면에 떼를 지어 살면서 수액을 빨아 먹고 끈적거리는 단물을 배설해서 식물을 약하게 만들거.

해결 방법 진공청소기로 조심스럽게 빨아들이거나 수돗물로 씻어 내. 식물 주변고 흙 위에 끈끈이 덫을 설치하는 것도 좋은 방법이야.

검정날개버섯파리

피해 날아다니는 어른벌레는 성가시기는 해도 식물에 피해를 주지 않아. 하지만 애벌레는 뿌리를 먹어서 식물을 죽일 수도 있지.

해결 방법 물을 너무 많이 주지 달고 흙이 바싹 말랐을 때만 물을 줘. 벌레잡이제비꽃을 길러서 파리를 잡게 해 봐. 별로 효과가 없으면 파리 잡는 끈끈이 덫을 설치해. 분명히 효과가 있을 거야.

도대체 뭐가 문제야?

딱 알맞은 공간을 찾아 주는 것부터 시작해서 정기적으로 물 주기까지, 식물 돌보기 규칙을 잘 지켜도 식물이 가끔 아파. 그런 식물이 다시 건강해지려면 도움의 손길이 필요하지. 너무 걱정하지는 마. 보통은 식물이 네게 뭐가 문제인지 살짝 힌트를 줄 테니까.

잎에 얼룩덜룩 반점과 자국이 생겨

반점이 말라 있고, 갈색에다가, 바삭바삭하다면, 물을 적게 준 게 원인일 수 있어. 반점이 부드럽고 짙은 갈색이면 물을 너무 많이 준 게 원인일 거야. 흰 자국은 물이 잎에 너무 오래 머무르는 바람에 햇볕에 타서 그래. 반점과 얼룩의 느낌과 색깔을 보고, 물을 줄지 말지 정해. 물을 줄 때 물방울이 잎에 묻지 않도록 조심하고.

필로덴드론

잎이 시들시들해

잎이 축축 처지기 시작한다면, 보통은 물을 너무 많이 주거나 적게 주었기 때문이야. 화분을 조사해서, 흙이 흠뻑 젖어 있는지 너무 바싹 말라 있는지 즉시 파악해야 해.

알로카시아

삐죽 키만 크고 잎은 작아

식물 줄기가 길게 자라고 그 꼭대기에만 잎이 몇 개 달리는 현상을 웃자람이라고 해. 봄이나 여름에 웃자람이 생기는 원인은 빛 부족이야(빛을 향해 필사적으로 줄기를 뻗는 거지.). 겨울이나 초봄에는 흙이 축축하고 너무 따뜻할 때 식물이 웃자라. 봄이나 여름에는 식물을 더 밝은 곳으로 옮기고, 다음번에 물을 줄 때 비료도 함께 줘. 겨울과 초봄에는 웃자란 줄기를 자르고 물을 너무 많이 주지 않도록 조심해.

에케베리아

갑자기 잎이 떨어져

온도나 빛의 세기가 갑자기 바뀌어서 식물이 충격을 받았을 거야. 그게 아니면 뿌리가 너무 건조해졌든가. 서서히 식물이 좋아하는 환경으로 바꿔 주고 필요하다면 물도 줘.

떡갈잎고무나무

잎이 누렇게 변해

흙이 너무 축축하거나 찬 바람을 맞아서 그래. 영양소가 부족하다는 신호일 수도 있지. 식물을 말리고(잠시 화분에서 꺼낸 채로 두어도 좋아.), 찬 바람이 들어오지 않는 장소로 옮겨 줘. 유기농 비료로 영양소도 공급해 주고.

잎끝과 잎 가장자리가 갈색으로 변해

공기가 너무 건조하거나 자꾸 만져서 잎이 상처를 입은 거야. 욕실처럼 습도가 좀 더 높은 곳으로 옮겨 줘. 그리고 너무 자주 만지지 마!

금전수

자주달개비

식물에 새집을 선물하는 분갈이

식물을 작은 화분에서 꺼내 새 배양토를 채워 넣은 큰 화분으로 옮기는 걸 분갈이라고 해. 분갈이는 보통은 봄마다 해. 화분 아래쪽 구멍으로 식물 뿌리가 빠져나온 게 보이면, 분갈이할 때가 된 거야.

분갈이하는 방법

1. 화분 옆면을 통통 두드린 다음에 식물을 조심스럽게 꺼내. 공처럼 얽힌 뿌리를 조심스럽게 풀어 주어야 새 화분의 신선한 흙에서 뿌리를 잘 뻗어. 분갈이 뒤에 식물이 잘 회복하게 하려면 아래쪽 잎들을 제거해 줘.

2. 티끌 하나 없이 깨끗한 새 화분(예전 것보다 조금 커야 해.) 바닥에 새 배양토를 깔아. 그런 다음 새 배양토 위에 옛 화분을 올려놔.

3. 그 상태에서 옛 화분 둘레에 새 배양토를 채우고 다진 다음에 옛 화분을 빼.

4. 옛 화분을 뺀 자리에 식물을 넣어. 아마 식물이 그 자리에 쏙 들어갈 거야. 식물 주변 흙을 눌러서 다진 뒤에 물을 줘.

화분을 뿌리로 가득 채우는 식물들

모든 식물이 분갈이를 좋아하지는 않아. 클로로피툼속, 알로에속, 무화과나무속, 아스파라거스속, 줄고사리속, 스크룸베르게라속, 용혈수속에 속하는 일부 식물은 화분에 뿌리를 가득 채우곤 해. 이 경우 뿌리가 더 자랄 만한 공간이 없어져. 식물은 대부분 이런 상태가 되던, 쉽게 메말라서 잎이 누렇게 변하지. 그러므로 항상 식물을 잘 살펴보고, 화분 바닥 구멍으로 뿌리가 나오는지 확인해. 만약 그렇다면 분갈이할 때가 된 거야.

배양토가 정확히 뭐야?

때로 그냥 '흙'이라고 부르기도 하는 배양토는 **양토**, 가는 모래, 점토, 모래, 가는 자갈, 코코넛 껍질 섬유, 피트(토탄) 같은 다양한 자연 물질을 섞은 거야. 모래가 많이 들어간 다육 식물용 배양토, 배수가 아주 잘되고 공기가 잘 통하는 난초용 배양토, 영양분이 많은 수생 식물용 배양토 따위가 있어.

피트가 안 들어간 걸로 주세요!

피트(토탄)는 식물 잔해가 분해되어 만들어지는 자연 물질인데 살균 성분이 있어. 부드럽고 수분을 잘 흡수해서 원예용 배양토에 잘 맞는 물질이지. 그래서 너무 많이 채취하는 바람에 피트가 묻힌 희귀한 서식지와 생태계가 위협을 받게 되었어. 게다가 전 세계 땅속 탄소의 3분의 1은 피트가 나는 토탄층에 들어 있어서 피트를 생산하는 과정에서 이산화탄소가 대기로 배출돼. 그 때문에 **온실 효과**와 **기후 변화**가 더 심해지지. 요즘은 피트의 대안으로 코코넛 껍질 섬유를 사용해. 털북숭이 코코넛 껍질은 코코넛이 물에 뜰 수 있도록 해 주는 '구명조끼'나 마찬가지야.

번식 방법을 소개합니다

아주 적은 돈을 들여서 네가 기르는 식물의 수를 늘리는 방법이 있어. 바로 번식이지. 번식으로 얻은 새 식물을 늙은 식물 대신 기르거나 친구와 가족에게 뜻깊은 선물로 줄 수 있어. 몇 가지 번식 방법을 지금부터 알려 줄게.

새싹을 키우자

브로멜리아드, 선인장, 몇몇 다육 식물은 줄기로부터 새싹이 나와 작은 식물이 자라나. 괭이밥속 식물처럼 작은 알뿌리를 내는 식물도 있지. 이렇게 생긴 새끼 식물을 분리해서 씨앗 발아용이나 꺾꽂이용 배양토를 넣은 화분에 심어 기르면 돼.

사랑초

새끼 식물을 독립시키자

접란 같은 몇몇 식물은 꽃줄기 끝에서 자기와 똑같이 닮은 작은 새끼 식물이 나와. 이걸 잘라서 새 배양토를 넣은 화분에 심거나, 물에 담가서 뿌리가 나온 뒤에 심어서 번식시킬 수 있어.

접란

갈라서 나누자

분갈이할 때 식물을 갈라서 여러 화분에 옮겨 심는 방법도 있어. 몇몇 양치식물과 난초에 적용하기 좋지. 이 방법으로 '어미 식물'로부터 독립해 각자 자기 화분에서 잘 지내도록 할 수 있어.

금전수

잊지 마

많은 식물은 씨앗을 심어 키울 수 있어. 씨앗은 대부분 촉촉하고 따뜻한 배양토에 심는데, 씨앗 키의 두 배 깊이에 묻어야 해. 납작한 모양의 씨앗은 눕히지 말고 세워서 심어야 해. 그러면 물이 씨앗의 납작한 부분에 고여 썩는 일을 막을 수 있어.

 **식물 키움터**

물꽂이로 새끼 식물을

네가 기르는 식물의 한 부분을 잘라 배양토나 물에 꽂아서 클론을 만드는 방법을 배워 보자.
이렇게 만든 클론을 화분에 심어서 키울 수 있어.

준비물
- ☐ 접란과 스킨답서스
- ☐ 깨끗한 유리병
- ☐ 물
- ☐ 꺾꽂이용 배양토
- ☐ 끈이나 철사
- ☐ 가위 또는 전지가위

몬스테라 알보

자주달개비

나도 식물 박사
자른 가지를 물에 넣어 번식시키면 자라는 과정을 쉽게 확인할 수 있어. 물은 일주일에 한 번 갈아 줘. 구리 동전을 물에 넣어 두면, 박테리아가 자라는 걸 막을 수 있어.

스킨답서스 물꽂이

1. 잎이 두세 장 붙어 있고 작은 돌기(이 돌기에서 뿌리가 자란다.)가 하나 이상 붙어 있는 줄기를 골라. 가위 또는 전지가위로 돌기 약간 아래쪽을 자르고 잎은 두세 장 남기고 잘라서 버려.

2. 뿌리가 나올 돌기 부분이 물에 잠기도록 유리병에 꽂고 기다려. 뿌리가 나오고 동그랗게 말린 잎이 나면 화분에 옮겨 심어.

뿌리가 나올 돌기

이 방법은 뿌리가 나올 돌기가 잘 보이는 몬스테라나 필로덴드론에도 적용할 수 있어.

 ## 접란 물꽂이

접란은 꽃이 진 뒤에 기다란 꽃대 끝에서 새끼 식물이 자라. 이걸로 번식시키는 방법이 두 가지야.

1. 새끼 식물을 잘라서 아랫부분만 잠기도록 물에 담가. 보통 열흘 안에 뿌리가 나와. 그 뒤 한 달쯤 더 물에 담가 두었다가 촉촉한 배양토를 넣은 화분에 옮겨 심어.

2. 새끼 식물을 자르지 않고 어미 식물과 연결된 상태로 흙에 뿌리를 내리도록 할 수도 있어. 새끼 식물을 아래로 잡아당겨서 꺾꽂이용 배양토에 닿게 고정한 뒤 뿌리를 내릴 때까지 기다리면 돼.

새끼 식물이 두 개 생겼다면, 물과 배양토를 이용하는 두 가지 방법을 다 사용해 봐. 어떤 것이 먼저 뿌리를 내릴까?

자르고 묻고

집에서 기르는 많은 식물이 줄기, 뿌리, 잎을 잘라 배양토에 심으면 잘 자라. 줄기 중 잎이 나는 마디 부위를 따뜻하고 어두운 배양토 속에 넣으면, 잎을 낼 자리에서 뿌리를 내도록 속일 수 있지.

휘묻이

유연한 가지나 순을 줄기에 붙은 채로 배양토를 채운 호·분에 고정하여 (머리핀이나 철사를 이용해.) 뿌리를 내리게 할 수 있어. 이 방법을 휘묻이라고 하는데, 필로덴드론 헤데라케움처럼 덩굴을 뻗는 식물에 효과가 좋아. 뿌리를 내리면 가지나 순을 잘라서 따로 키우면 돼.

벤자민고무나무

공중 휘묻이

공중 휘묻이는 몬스테라속, 용혈수속, 무화과나무속 식물처럼 여러 줄기를 길게 뻗는 떨기나무 식물을 번식시키는 방법이야. 줄기를 자르지 않고 중간을 촉촉한 이끼로 감싸서 뿌리를 내리도록 하는 거지.

 **식물 키움터**

잎을 잘라 새끼 식물을

네가 기르는 식물의 잎을 잘라서 심었는데, 그게 새로운 식물로 자라는 걸 보는 건 정말 놀랍고도 신기한 경험이야! 완전히 자란 싱싱하고 건강한 잎을 골라야 해. 상처가 있거나 병에 걸렸거나 해충에 피해를 입은 잎은 고르면 안 돼.

준비물
- 용혈수속이나 페페로미아속 식물
- 가위 또는 전지가위
- 작은 화분
- 배양토
- 깨끗한 비닐봉지

에케베리아

용혈수속 식물 잎꽂이 방법

1. 건강한 용혈수속 식물의 잎을 선택해서 세로 방향으로 5cm 크기로 자른다.

2. 넓은 쪽이 아래로 가도록 해서 배양토에 심는다.

 ## 페페로미아속 식물 잎꽂이 방법

1. 페페로미아속 식물의 잎을 가로 방향으로 놓고 세로로 자른다(오른쪽 그림 참고).

2. 반으로 자른 잎을 촉촉한 배양토를 채운 화분에 수직 방향으로 꽂고, 둘레에 배양토를 조금 더 채우고 다져서 단단히 고정한다. 화분을 비닐봉지 안에 넣고 윗부분을 묶어서 따뜻하고 촉촉하게 유지한다.

3. 몇 주가 지나면 작은 식물들이 새로 자라는데, 그걸 조심스럽게 분리하여 새 화분에 심어서 기른다.

초보자용 식물과 전문가용 식물

네가 이제 막 흥미진진한 식물의 세계에 발을 디딘 초보자이든, 아니면 어떤 식물이든 척척 길러내는 전문가이든 너에게 딱 맞는 식물은 얼마든지 있어! 여기 간단한 가이드가 있으니까 네 능력에 맞는 식물을 골라 봐.

용어 풀이

고산 지대 나무가 자라지 못하는 높은 산악 지대

광합성 식물이 엽록소라는 초록색 화학 물질을 이용해 빛, 물, 이산화탄소를 당분으로 바꾸고 산소를 내보내는 화학적 과정. 식물은 이 당분을 이용하여 성장한다.

교잡종 서로 다른 품종을 교배하여 만든 새로운 품종

기공 식물이 공기를 들이마시고 내보내는 미세한 구멍

기근(공기뿌리) 땅속 또는 물속이 아니라 공기 중에서 뻗는 뿌리

기후 변화 장기간에 걸친 지구 온도의 변화

꽃가루받이 곤충과 새, 바람, 물이 꽃가루를 꽃의 암술머리에 옮겨 주면, 꽃가루받이가 이루어져 열매가 달린다. 열매에는 씨가 들어 있다.

늘푸른나무 가을에도 잎을 떨구지 않고 한 해 내내 잎을 달고 있는 식물

덩굴 다른 물체를 감거나 땅을 기면서 길게 뻗어 나가는 식물의 줄기

덩이줄기 땅속에서 자라는 두꺼운 식물 줄기로 영양분을 보관하며 새로운 식물로 자라날 싹이 나온다.

돌연변이 생물에서 이제까지 없었던 새로운 특징이 나타나는 현상으로, 돌연변이는 유전된다.

멸종 생물의 한 종류가 완전히 사라지는 현상

무늬 식물 잎이나 줄기의 색깔이 두 가지 이상인 식물

물 순환 물이 지구의 대양, 대기, 육지 사이에서 순환하는 현상. 비와 눈, 빗물과 눈 녹은 물이 개울과 강을 거쳐 다시 바다로 갔다가 증발과 식물의 증산 작용으로 대기로 다시 돌아가는 과정을 포함한다.

미소 서식지 자연에 존재하는 작은 규모의 환경. 쓰러진 나무, 죽은 동물, 살아 있는 식물도 미소 서식지가 될 수 있다.

박물학자 자연과 생물을 관찰하고 연구하는 사람으로 종종 관찰한 것과 발견한 것을 다양한 방식으로 기록한다.

번데기 곤충의 성장 과정 중 애벌레와 어른벌레의 중간 단계

번식 이미 존재하는 식물의 한 부분으로부터 다양한 방법으로 새로운 식물을 만들어 내는 일

보존 생물 다양성을 유지하거나 증가시키면서 생태계, 서식지, 종을 파괴와 멸종으로부터 보호하는 행위

분류 비슷한 점을 기준으로 사물을 종류에 따라서 가르는 과학적인 방법

분재 식물을 인위적으로 작게 키워 보기 좋게 가꾸는 방법 또는 그런 식물

뿌리털 뿌리에 있는 아주 가느다란 털로 흙과 접촉하는 면적을 증가시켜서 물과 영양소를 잘 흡수하는 역할을 한다.

삼림 파괴 넓은 지역의 나무를 제거하는 일

생물 다양성 한 지역에 사는 생물의 다양성. 보통 생물 다양성이 낮은 상태보다 높은 상태를 좋게 여긴다.

생물 환경 정화 생물을 이용하여 오염을 제거하는 일

생태계 한 장소에서 상호 작용을 하는 생물들과 그 생물들에 영향을 미치는 물리적 조건이 이루는 체계

서식지 생물이 사는 장소

섬유 자연에서 식물, 동물, 곰팡이가 만들어 내는 털, 실, 균사 따위

속 생물 분류의 한 단계(과와 종 사이)

식물원 식물을 모아 기르고, 연구하고,

전시하는 장소

식물학자 식물을 연구하는 학자

식충 식물(벌레잡이 식물) 곤충이나 작은 동물을 잡거나 덫에 빠뜨려 소화하여 흡수하는 식물

알뿌리(구근) 두툼한 잎들이 땅속에 묻힌 짧은 가지 둘레를 겹겹이 둘러싸고 있는 것으로 몇 달 동안 이어지는 식물의 휴면기(잠자는 기간)에 쓸 양분을 저장한다.

애벌레 곤충의 초기 성장 단계. 예를 들어 나비와 나방 애벌레는 기어 다니는 벌레 모양이며 날개가 없다.

양토 모래, 진흙, 유기 물질이 섞여 있는 흙

염색 물체의 색깔을 바꾸는 일. 합성 또는 자연 물질이 염색제로 사용되며, 식물을 바탕으로 만든 염색제가 많다.

오염 생물에 해를 끼치는 물질이 물, 공기, 흙에 들어가는 일. 오염된 물질이나 물건을 오염물이라고 부른다.

온실 효과 지구 대기가 햇빛의 열을 가두는 현상

웃자람 식물이 빛을 충분히 받지 못할 때 생기는 현상으로 잎은 연한 노란빛을 띠고 (빛에 닿기 위해 모든 에너지를 쓰므로) 키만 훌쩍 크다.

유전적 생물이 부모로부터 자손에게 특징을 전달하는 유전자와 관련된

이종 교배 서로 다른 유전자를 지닌 두 식물을 교배하는 것

적응 생물이 주변 환경에 맞추어 생존에 유리한 특징을 발달시키는 과정

접붙이기 식물의 한 부분을 다른 식물에 붙여서 자라도록 하는 일

종 비슷한 특징을 지니는 생물 집단으로 유전자 교환 또는 교배를 통해 같은 종의 자손을 남길 수 있다. 생물의 학명에서 두 번째 이름이 종명이다.

진화 생물이 서서히 변화하는 일

착생 식물 다른 식물 또는 물체에 붙어서 자라는 식물

창 내기 통로를 내는 일. 식물에서는 잎에 자연히 구멍이 생기는 현상

초식 동물 식물을 먹으며 사는 동물

클론 한 생물과 유전적으로 완전히 똑같은 또 다른 개체

파장 파동에서 마루와 마루 또는 골과 골 사이의 거리

펄라이트 물이 잘 빠지게 하려고 흙에 섞는 자연 광물

포엽 꽃 바로 아래에 나는 변형된 잎. 꽃을 보호하는 기능을 한다.

품종 선택 교배를 통하여 바람직한 특징(키, 잎 색깔, 꽃의 향기 등)이 세대를 거치면서 유지되도록 만든 식물

향기 꽃 따위에서 나는 좋은 냄새

흰개미 부드러운 몸을 지닌 사회성 곤충의 한 종류로 흙으로 지은 흰개미 탑에서 거대한 군집을 이루어 생활한다. 전 세계에 300종이 넘는 흰개미가 존재한다.

CO_2 이산화탄소. 광합성에 꼭 필요한 기체